ediciones MANGA clásicos Formato de lujo

presenta:

HIROSHIMA

hadashi no gen

Una obra de
Keiji Nakazawa

Traducción por Emilio Gallego Zambrano

Asesora cultural: Akiko Yamada

Asesor técnico:Florentino Rodao
(autor de “Franco y el Imperio Japonés”)

UUUH, UUUH
UGH, UGH
AGUA... AGUA...
¡ME DUELEEE!
NO PUEDO MÁAAAS
OTRA VEZ AGUA... TODOS PIDEN AGUA...
ARF, ARF... TRÁEME AGUA
EL BARCO VENDRÁ PRONTO Y TE LLEVARÁ AL HOSPITAL DE NINOSHIMA. ALLÍ TE CURARÁN
A VER... NECESITO UN RECIPIENTE
VALE, VALE, ENSEGUIDA
RÁPIDO, ME ARDE LA GARGANTA

¡ÉSE!
ME VENDRÁ COMO ANILLO AL DEDO
ズズズ
¡UAAAAH! ¡TIENE UNA MANO PEGADA!
¡SUÉLTALO! ¡SUÉLTALO!
シャー
¡BIEN, AQUÍ HAY AGUA!
LA ONDA EXPANSIVA FUE TERRIBLE...
AUNQUE TODO ESTÉ ARRASADO, EL AGUA NO PARA DE SALIR. ¡POR FIN ALGO BUENO!

TIENE EL TAPARRABOS ROTO. ¡QUÉ ASCO!
AGUAAAA, AGUAAAA
¿EH?
¡SUFICIENTE!
UUU UUH
NO ES EL TAPARRABOS, LO QUE LE CUELGA ES LA PIEL DE LA ESPALDA
¿EH?
ESE HOMBRE TAMBIÉN LLEVA ALGO COLGANDO
¡AGUA! ¡AGUA!

UUUUH
TIENE FISURAS EN LA PIEL Y SE LE SALE EL INTESTI-NO. ¿CÓMO PUEDE SEGUIR VIVO?
¡AGUA AGUA
¿Y SI ELLA TAMBIÉN MURIERA AL BEBER AGUA?
PARECÍAN TRAN-QUILIZARSE TRAS BEBER AGUA, PERO LA REALIDAD ES QUE HABÍAN MUERTO
GLUB, GLUB
GRA... GRA-CAS
BEBE TRAN-QUILA
VENGA, DÁME-LA
YA ESTOY AQUÍ

......
¿QUÉ OCURRE? ¿NO TENÍAS TANTAS GANAS DE BEBER? ¿HAY ALGO RARO EN EL AGUA?
¡ME ENGAÑASTE!
ERES... UN MENTIROSO
¡ERES DE LO PEOR!
¡VAYA! ¡EL AGUA HA REFLEJADO SU CARA!
ME DIJISTE QUE ESTABA MUY GUAPA... ¡MENTIROSO!
¡MIRA TODAS ESTAS QUEMADURAS!
¡PAREZCO UN MONSTRUO!
¿PERO QUÉ HACES?

¡SNIFF! ¡SNIFF! ¡ES EL FIN! ¡EL FIN!
ES EL FIN. MIS SUEÑOS SE HAN DESVANE-CIDO. NO TENGO ESPE-RANZA
YA NO PODRÉ BAILAR ANTE EL PÚBLICO CON ESTA CARA
SNIF, SNIF
¡ANÍMATE! ¡SEGURO QUE TE PODRÁS CURAR CON AYUDA DEL MÉDICO!
¡NO! ¡NO TEN-DRÍA QUE HABER ELE-GIDO ESE RECIPIENTE!
¿ADÓN-DE VAS?
¡NO!
¡TONTA! ¿QUÉ HACES?

ザバ!
¡ERES UNA TONTA!
¡NO PUEDES MORIR POR UNAS SIMPLES QUEMADURAS!
¡SOCORRO! ¡AYUDA!
¡UNOS NIÑOS SE ESTÁN AHOGANDO!
¡CHICO, CÓGETE A ESTO!
GLUB, GLUB
ARF, ARF
SNIFF, SNIFF
¡TIENES QUE VIVIR! ¡HAZLO POR MÍ!
SNIFF
DEJAME MORIR EN PAZ
¡QUIERO MORIIIIR! ¡SNIFF!
......

AGUA
UUUUH
¡RÁPIDO! ¡DEPRISA!
YA ESTÁ AQUÍ LA BARCA. TODOS A BORDO
UUUUUH
VENGA, VAMOS. EN NINOSHIMA TE CURARÁN Y TE PONDRÁS BIEN

ME DUE-LEEE E
UU UU UH
AGU AAA
TRAED-ME AGUAA
NO PUEDO MÁAA AS
ESTAMOS REPLE-TOS. VÁMONOS YA
¡A GUAA A!
ドドドド
¡NOS VA-MOS!
¡TODOS ESTÁN HERIDOS!
ダッダッダッ
¡A H!
ダッダッダッ

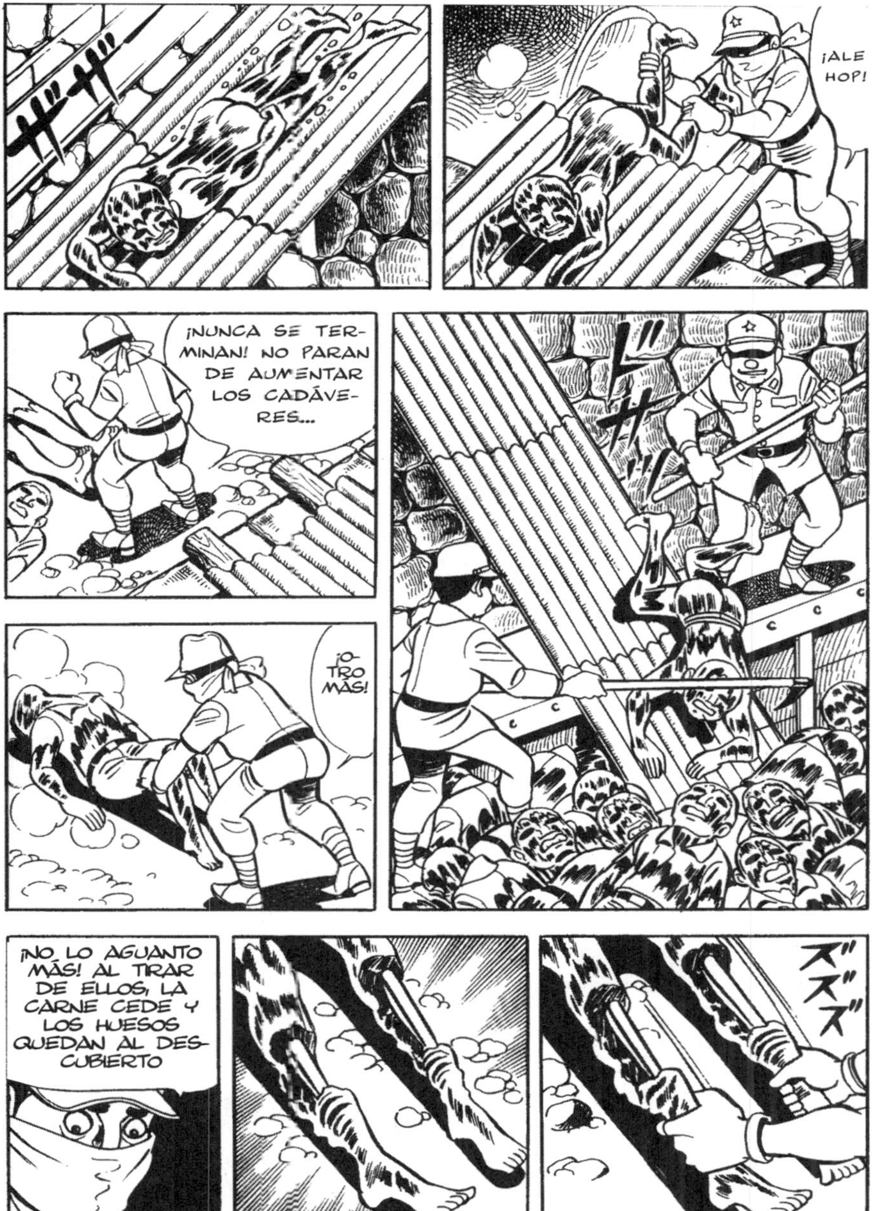
¡ALE HOP!
¡NUNCA SE TERMINAN! NO PARAN DE AUMENTAR LOS CADÁVERES...
¡OTRO MÁS!
ズズズ
¡NO LO AGUANTO MÁS! AL TIRAR DE ELLOS, LA CARNE CEDE Y LOS HUESOS QUEDAN AL DESCUBIERTO

LOS CADÁVERES SON COMO PIEDRAS EN EL CAMINO. PARECE MENTIRA QUE HACE MUY POCO CADA UNO DE ELLOS PODÍA REÍR Y LLORAR
ザザー
YA NO CABEN MÁS
PARTID YA HACIA NINOSHIMA
¡ES HORRIBLE! ¡HORRIBLE!

広島市
似島
呉市
NINOSHIMA ESTA SITUADA EN LA ISLA DE KOJIMA, A 4 KILÓMETROS DE HIROSHIMA, EN EL MAR INTERIOR DEL JAPÓN. SE HALLABA SITUADO UN RECINTO DE CUARENTENA DEL EJÉRCITO DE INFANTERÍA. ALLÍ FUERON TRANSPORTADOS UNOS 20.000 CADÁVERES Y HERIDOS QUE NO PODÍAN SER ATENDIDOS EN LOS PUESTOS DE SOCORRO DE HIROSHIMA
AR
LLÉVATE A ESTE CADÁVER
¡SOLDADO! ¡AGUA!
¡SOLDADO! ¡DAME MEDICINAS!
UU UU UH
MAMÁ, MAMÁ
NO PUEDO MÁS

CON TANTOS MUERTOS, NO HAY DESCANSO
......
OTRA VEZ...
UUUUUH. AGUA, TRÁEME AGUA
ESPERO QUE TE CUREN RÁPIDO
HAY DEMASIADOS HERIDOS. ¿PARA QUÉ ESTAMOS AQUÍ SI NO NOS DEJAN ENTRAR EN LAS INSTALACIONES?
¿DE VERDAD? ¿SI ME MIENTES ME ENFADARÉ?
¡YA NO QUIERO MORIR!
¡VALE, VALE! PERO NO TE VAYAS A SUICIDAR EN CUANTO ME ALEJE
POR FAVOR, DATE PRISA
......
AHORA MISMO VUELVO ENTONCES
¡VALE!
ME LO HAS PROMETIDO

AUNQUE MUERA, JAMÁS PODRÉ OLVIDAR LO BUENA PERSONA QUE ERES
LO SIENTO, GEN
MMM
YA ESTOY AQUÍ CON EL AGUA
¡NO ESTÁ! ¡NO ESTÁ! ¡ADÓNDE HA IDO!
SEGURO QUE AL MAR
¡EEEEEOOOO! ¿DÓNDE ESTÁAAAS?
¿DÓNDE TE ESCONDES?
ME HA ENGAÑADO...

¡AA AAH!
ARF, ARF
ARF, ARF
ARF, ARF
¡YA DECÍA YO!
¡ESTÚPIDA!
あっ
¡ESTÚPIDA! ¡ESTÚPIDA!
¡DÉJAME MORIR, POR FAVOR! ¡NO PUEDO SOPORTAR ESTA CARA!
¡ME HAS MENTIDO! ¡ME PROMETISTE QUE NO INTENTARÍAS SUICIDARTE!

¡YA HAS MUERTO DOS VECES CON TUS INTENTOS!
¡AHORA HAS RESUCITADO!
......
SI TÚ MUERES
ES COMO SI MI HERMANA EIKO MURIERA, Y ESO NO PODRÍA SOPORTARLO
: :
¡PIENSA QUE HAS RESUCITADO Y SACA TODO TU CORAJE PARA VIVIR!
TENGO QUE PENSAR QUE HE MUERTO DOS VECES Y AHORA HE RESUCITADO...
¡QUÉ IMPORTA QUE YA NO PUEDAS BAILAR! ¡AÚN PUEDES HACER MUCHAS COSAS MIENTRAS VIVAS!
......
MUCHAS COSAS ...
PODRÁS COMER ARROZ, Y HASTA O-HAGI
ES VERDAD... TENGO QUE VIVIR PARA ENCONTRAR EL CUERPO DE MI MADRE
¡ESO ES!
SOY UNA TONTA... ESTABA OBSESIONADA CON MORIR
......
GEN, VOY A SEGUIR VIVIENDO. ¡NO TE PREOCUPES!
¿DE VERDAD?

MUCHA GENTE NO PUEDE SOBREVIVIR AUNQUE LO DESEE, POR ESO TENGO QUE ESFORZARME
SÓLO PODÍA VER LO QUE TENÍA ANTE MIS OJOS
YA NO LO VOLVERÉ A HACER
¡YA NO VUELVAS A INTENTAR SUICIDARTE!
PARA AGRADECERTE LO QUE HAS HECHO, BAILARÉ AL SON DE TU VOZ
MMMM ... SÓLO LAS FÁCILES
¿PUEDES CANTAR LA CANCIÓN DE LOS CEREZOS?
¡GRACIAS!
¡BIEEEEEN! ¡ÁNIMO!
SE MUESTRAN COMO NUBES O UNA NIEBLA INMENSA.
HASTA DONDE LLEGA LA VISTA.
JEJE QUÉ CORTE
VENGA, A CANTAR
LA FRAGANCIA LO ENVUELVE TODO.
LOS CEREZOS, LOS CEREZOS BAJO EL CIELO DE MARZO.

VAMOS YA. VAMOS YA.
A DIS-FRU-TAR DE LA ÉPOCA.
ARF, ARF
¿QUÉ TAL LO HE HECHO?
¡MUY BIEN! ¡GENIAL!
......
SNIFF
BUAAAAAAH
¿QUÉ PASA AHO-RA?

SNIFF
DEBE DE ESTAR SUFRIENDO MUCHO. SIN ESAS QUEMADURAS, HUBIERA LLEGADO A SER UNA MAGNÍFICA BAILARINA
ÉSE HA SIDO MI ÚLTIMO BAILE
DESDE HOY HE DE OLVIDAR MI SUEÑO DE SER
¡GRACIAS, GEN!
¡QUÉ ALEGRÍA!
¡LO HARÉ! ¡VOY A VIVIR! ¡A VIVIR! ¡SOBREVIVIRÉ!
¡SEGURO QUE ES DIFÍCIL, PERO ÁNIMO!
S... SI...
VE A QUE TE CUREN LO ANTES POSIBLE
SUS QUEMADURAS NO DESAPARECERÁN HASTA QUE MUERA... A ELLA LE ESPERABA UNA VIDA MUY DURA A CAUSA DE LOS QUELOIDES...
NATSUE PUDO VENCER LA DESESPERACIÓN. PERO... ¿VIVIR ERA REALMENTE LO MEJOR PARA ELLA?

NO PARAN DE FALLECER LOS HERIDOS. NUNCA ACABAMOS DE QUEMARLOS A TODOS
ESTOY YA HECHO POLVO
¿QUÉ ESTÁN ENTERRANDO?
NO HAY TIEMPO PARA INCINERARLOS, ASÍ QUE HACEN FOSAS COMUNES

VENGA, TAPADLO YA
VAMOS
ガガララ
......
......
NATSUE, JAMÁS TE CONVIERTAS EN UNO DE ESOS
NO LO HARÉ
AHORA TENGO QUE VOLVER A HIROSHIMA
SI NO CONSIGO ALGO DE ARROZ PRONTO, EL BEBÉ MORIRÁ
......
¡ANÍMATE! ¡Y LUCHA ANTE TODO OBSTÁCULO!
HMM... SÍ...
UNA VEZ CURADA, NOS VEREMOS EN HIROSHIMA
VALE

GRACIAS, GEN. CUÍDATE TÚ TAMBIÉN
......
JAMÁS TE OLVIDARÉ. JAMÁS
ADIOS...
ADIÓS, NATSUE
¡HASTA LA VISTA! SOY LA REINA DE LOS MARES, Y USTEDES LO VAN A VER, LO VAN A VER. TIRO MI PAÑUELO AL SUELO, Y LO VUELVO A RECOGER, UNO, DOS, TRES... PAÑUELITO, PAÑUELITO, QUIÉN TE PUDIERA TENER, DOBLADITO EN EL BOLSILLO, COMO UN PLIEGO DE PAPEL
......
ARF, ARF
¡TENGO QUE CONSEGUR ARROZ!
¡FUERA! ¡VETE!
......

¡VENGA, VETE YA! ¡FUERA!
......
POR FAVOR... ES PARA UN BEBÉ...
¡ESTÚPIDO! SI APENAS TENGO PARA MI FAMILIA, CÓMO QUIERES QUE TE DÉ A TI SI NO TE CONOZCO DE NADA
NO TIENE SENTIMIENTOS. ¿POR QUÉ NO PUEDE AYUDARME?
HARÉ CUALQUIER COSA A CAMBIO, PERO DAME UN POCO
NADA. NI HABLAR. COMO NO TE VAYAS, TE ESTAMPO ESTO EN LA CABEZA
¡TACAÑO! ¡IMBÉCIL!
MUCHA GENTE ESTÁ VINIENDO DE HIROSHIMA Y ESTÁN ESTROPEANDO LOS CAMPOS. TODOS SOIS UN INCORDIO...
¡FUERA DE AQUÍ!

......
¡LLAMARÉ A LA POLICÍA SI NO TE VAS!
¡PERO QUÉ DICES! ¡NO TENGO ARROZ! ¡VETE!
POR FAVOR, UN POCO DE ARROZ...
OTRA VEZ IGUAL...
¡NADIE DA ARROZ POR NADA! ¡VETE DE UNA VEZ!
¡VIENES AQUÍ SIN DINERO A PEDIR ARROZ! ¡QUÉ FRESCO!
NO SE ME OCURRE NADA
SNIFF. ¿QUÉ PODRÍA HACER PARA QUE COMPARTAN SU ARROZ CONMIGO?

MAMÁ, ¿QUÉ PUEDO HACER?
オギャ
オギャ
オギャ
¡MIERDA! SEGURO QUE EL BEBÉ TIENE MUCHA HAMBRE
ギラッ
¡UNA HOZ!
¡DAME ARROZ!
¡UAAH! ¡UN LADRÓN!
MIERDA... SI NADIE ME DA ARROZ
¡ME CONVERTIRÉ EN UN LADRÓN O EN UN ASESINO SI HACE FALTA!

MAGISTRADO, ¿UN HARAKIRI?
SANTA, HAS COMETIDO UN ASESINATO. PENA: HARAKIRI
BLA, BLA
¡PIEDAD!
VENGA, HÁZTELO!
EJEJ EJE
¿QUÉ QUIERES?
JIA JIA
¡YO TAMBIÉN!
¡SÍ!
¿LO QUERÉIS VER?
¿DÓNDE?
¿QUERÉIS VER UN HARAKIRI DE VERDAD?

¿QUIÉN VA A HACERSE EL HARAKIRI?
SI NO, NO OS LO ENSEÑARÉ
¿ ARROZ ?
SI QUERÉIS VERLO, TRAED-ME ARROZ
YO LO QUIE RO VER ...
¡PERO ME GUSTA!
¡ESTÁ LOCO!
CLARO, Y CON ESTA HOZ
DE... ¿DE VER-DAD?
¡ME CORTA-RÉ EL VIEN-TRE!
¡YO MIS MO!
¡NO OLVIDÉIS TRAER UNA BOLSA TAM-BIÉN!
¡ESPÉRANOS UN RATO! ¡AHORA VOL-VEMOS!
¡SIN PROBLE-MA! PERO TRAED CUAN-TO PODÁIS
PROMÉTENOS QUE LO HARÁS SI TE TRAEMOS ARROZ
EJEJE. YA ESTÁN AQUÍ
¡EEEE EOO-OOO!
¡BLA, BLA!

AQUÍ TIENES EL ARROZ
¡AHORA EL HARAKIRI!
¡NO OS IMPACIENTÉIS!
¡HAY MÁS DE TRES KILOS!
¡VOY A CORTARME EL VIENTRE! ¡MIRAD BIEN!
GLUPS
NO OS ACERQUÉIS MUCHO, QUE LA SANGRE SALPICA Y OS PODÉIS MANCHAR
ECHAOS PARA ATRÁS
¿AQUÍ?
MÁS
MUCHO MÁS
¿ESTÁ BIEN AQUÍ?
UN POCO MÁS

¡AHÍ ESTÁ BIEN!
¡EH! ¡ESTÁ HUYENDO!
LO SIENTO, PERO EL BEBÉ NECESITA ESTE ARROZ
¡LADRÓN DE ARROZ!
¡UN MOMENTO!
¡TONTO! ¡NOS HAS ENGAÑADO!
UAAAAH
ARF, ARF
¡NO CORRAS, LADRÓN!
¡COJÁMOSLE!
¡A POR ÉL!

¡SOCORRO! ¡SOCORRO!
¡CHÚPATE ESA!
¡HA CAÍDO EN EL DEPÓSITO DE ABONO!
¡UAAAH! ¡QUÉ PESTE!
¡UGH!
¡IMBÉCIL!
¡ERES UN MENTIROSO!
UUUUUH. NO DEBO HACER COSAS MALAS. DIOS ME HA CASTIGADO...
¡DADLE! ¡DADLE!
¡CALLA! ¡NO SEREMOS TAN BUENOS LA PRÓXIMA VEZ!
NO... POR FAVOR, DÁDMELO, OS LO RUEGO
¡VENGA, VENGA!
¡COJAMOS EL ARROZ!

SNIFF... NECESITO ALGO DE ARROZ...
¡CHÚPATE ESA! ¡IMBÉCIL!
ESPABÍLATE METIENDO LA CABEZA EN UN CUBO DE MEADOS
NECESITO AYUDA PARA MI HERMANA MENOR...
TENGO QUE SALVAR AL BEBÉ. UN POCO DE ARROZ POR FAVOR...
SNIFF... NECESITO ALGO DE ARROZ...
SNIFF SNIFF SNIFF

NECESITO CONSE-GUIR ALGO DE ARROZ ...
NO HAY TIEMPO PARA LAMEN-TARSE
"SNIFF SNIFF SNIFF
TODO ESTO NO HABRÍA PASADO SIN ESA MALDITA BOMBA...
NUNCA PENSÉ QUE LA GENTE FUERA TAN FRÍA...
PASARÉ POR LAS CASAS PIDIENDO
¡DEJAD YA EN PAZ EL CADÁ-VER!
Y PARECE QUE LOS CAN-GREJOS SE APARTAN EN CUANTO PRUE-BAN LA CARNE
LA CORRIEN-TE HA TRAÍ-DO LOS CUERPOS HASTA ESTA ISLA...
IMBÉCI LES... ESTÚPI-DOS...

BLE, BLE
BLA, BLA
JAJ AJA
JAJ AJA
¡VEN-GA! ¡ATA-CA!
¡PAPÁ, VAMOS A ECHAR UN COMBATE DE SUMO!
QUÉ ENVIDIA... ESTÁN TODOS REUNIDOS COMIENDO ARROZ...
......
¡MMM MMM!
¡UAAAAH! ¡ÁNIMO, GEN!
¡EEEEH! ¡TOMA!
¡UAAAH! ¡MÉTELE FUETRE!

LA MUJER CONSUELA AL MARIDO. EL MARIDO AMA A SU MUJER
TODOS HAN DESAPARECIDO SÓLO POR VIVIR EN HIROSHIMA...
QUÉ ENVIDIA... MI FAMILIA TAMBIÉN FUE UNA VEZ ASÍ...
¿QUIÉN HAY AHÍ?
UUUUUH
UUUUUH

EJEJE. BUENAS NOCHES
¿QUÉ QUIERES?
¿LE GUSTAN LAS BALADAS?
ME ENCANTAN, ¿POR QUÉ?
YO CANTARÉ PARA USTED, Y A CAMBIO ME DARÁ ALGO DE ARROZ
¿TÚ? ¿CANTAR PARA MÍ?
SE LO RUEGO. LO HARÉ LO MEJOR QUE PUEDA...
CURIOSO... PERO SI LO HACES MAL, NO TE DARÉ NADA
SI ME GUSTA, TE DOY UN POCO
¿SÍ? DE ACUERDO. PROMETIDO ENTONCES
PERO QUÉ DICES... SI CASI NO TENEMOS PARA NOSOTROS...
¿Y QUÉ? LE ESCUCHAMOS Y LE DECIMOS QUE NO NOS GUSTA. YA ESTÁ
SI NOS ABURRIMOS, NOS PODEMOS METER CON ÉL
¡QUÉ ASTUTO!
ADELANTE
DE LA OBRA: LOS MILAGROS DE TSUBOSAKA

ESTAMOS A MEDIADOS DE JUNIO
JA AA AA AA
LA MUJER CONSUELA AL MARIDO EL MARIDO AMA A SU MUJER
TAN, TARAN, TAN.
AUNQUE ES VERANO EN EL EXTREMO DEL CAMPO
EEA, EEA
¡SAWAICHI! ¡ESTÁS CIEGO! ¡NO CORRAS TANTO! ¡ES PELIGROSO!
JAAA, PAMPAPAM PAMPAPAM
LOS ÁRBOLES PUEBLAN EL BOSQUE
SHINJI... SHINJI...

JAAA, PAMPA-PAM PAMPA-PAM
......
......
ARF, ARF... YA HE TERMINADO
LA CANCIÓN DE GEN LE TRAJO A LA MENTE BUENOS RECUERDOS JUNTO A SU HERMANO SHINJI. SU VOZ COMENZÓ A VIBRAR DE MANERA SEMEJANTE AL FRAGOR DE LAS MAREAS, Y LA MELODÍA PENETRÓ EN EL FONDO DEL CORAZÓN DE AQUELLOS QUE ESCUCHABAN...
......
......
¿DE VERDAD ME LO PUEDO LLEVAR?
AQUÍ TIENES. LLÉVATELO
SÍ... SNIFF... SNIFF...
VENGA, TRAE ALGO DE ARROZ

ES ARROZ... ARROZ...
SEÑOR, SEÑORA, MUCHAS GRACIAS
VUELVE A VENIR POR AQUÍ. ENTONCES LLAMAREMOS A LA GENTE DEL PUEBLO PARA QUE TE ESCUCHEN
¡LO HAS HECHO MUY BIEN! ¡NOS HAS SORPRENDIDO!
¡GENIAL!
......
¡BIEN! MAMÁ, YA TENGO EL ARROZ...
ESPÉRAME UN POCO MÁS! ¡PRONTO VOLVERÉ!
¡BIEEEEEEEN! ¡VIVA! ¡VIVA!

¡MAMÁ! ¡QUÉ CONTENTO ESTOY!
¡QUÉ BIEN! ¡QUÉ BIEN!
¡PRONTO VOLVE-RÉ! ¡PRONTO!

チャッ
チャッ
ESTABA EL SEÑOR DON GATO SENTADITO EN SU TEJADO, MARRAMAU-MIAU MIAU MIAU. SENTADITO EN SU TEJADO
CUANDO LE VINIERON NUEVAS, QUE HABÍA DE SER CASADO MARRAMAUMIAU MIAU MIAU QUE HABÍA DE SER CASADO

PAN PAN PATATAS BATATAS ¡FLOTAN!
CON TANTO SALTO, SI TE CAES NO ME PIDAS AYUDA
チャッ
チャッ

CON UNA GATITA PARDA CON UNA PINTA EN EL RABO MIARRAMIAUMIAU MIAU MIAU CON UNA PINTA EN EL RABO
Σετομα
EL GATO DE LA ALEGRÍA SE HA CAÍDO DEL TEJADO MIARRAMIAUMIAU MIAU MIAU SE HA CAÍDO DEL TEJADO LE LLEVARON A ENTERRAR POR LA CALLE DEL PESCADO MIARRAMIAUMIAU MIAU MIAU POR LA CALLE DEL PESCADO AL OLOR DE LAS SARDINAS DON GATO HA RESUCITADO MIARRAMIAUMIAU MIAU MIAU DON GATO HA RESUCITADO
OYE, ESTE BARCO ES MUY LENTO. ¿NO CORRE MÁS?
¡IMBÉCIL! ¡DEJA DE PEDIR! ¡DEBERÍAS ESTARME AGRADECIDO POR DEJARTE SUBIR GRATIS!
ES QUE QUIERO VOLVER LO ANTES POSIBLE A HIROSHIMA PARA DARLE ESTE ARROZ A MI MADRE

¿QUÉ VAMOS A HACER AHORA? ... ...
ES HORRIBLE... AHORA HIROSHIMA ES UNA NECRÓPOLIS
CHICO, HE OÍDO QUE TIRARON UN NUEVO TIPO DE BOMBA ALLÍ Y QUE EN 70 AÑOS YA NO VOLVERÁN A CRECER ÁRBOLES NI FLORES
70 AÑOS ...
¡AHÍ ESTÁ!
YO TENGO QUE BUSCAR A MI HERMANA, QUE VIVÍA CON SU MARIDO ALLÍ
ESTOY PRE-OCUPADO... NO SÉ SI ESTARÁ VIVA O MUERTA
MM MM
ABOMINABLE... EL ÚNICO MOVIMIENTO VISIBLE EN LA CIUDAD ES EL DEL HUMO...
Y PENSAR QUE HASTA HACE DOS O TRES DÍAS ESTABA LLENA DE GENTE...
¿Y ESE HUMO?
ES LA INCINERACIÓN DE CADÁVERES

¡UAAAAAH! ¡MAMÁ, MIRAAAA! ¡HE VUELTO CON EL ARROZ!
チャッ
チャッ
チャッ
チャッ
チャッ
チャッ
チャッ
¡MUCHAS GRACIAS
DE NADA
¡AHORA A DARME PRISA!
¡QUIERO VER PRONTO LA CARA DE ALEGRÍA DE MAMÁ!

* DASUKE,JIRO,YUKIKO ESTAMOS EN KABE CON LOS PARIENTES. VENID PRONTO. PAPÁ Y MAMÁ

***GENKICHI,MIYO,VENID A GION. * TARO,KUNIO,AKIKO,YASUKO ESTOY CON LA FAMILIA DE ITSUKAICHI. MA
** EIZO,HANAYO OS ESPERAMOS EN EBA.

¿QUÉ ESTARÁ HACIENDO ESA MUJER PARTIENDO LOS HUESOS?
¡ESTO ES MUY RARO!
KOZO, AGUANTA UN POCO MÁS, ESTO TE SENTARÁ BIEN
UUUUUUH...

VENGA, TRAGA ...
ゴホッ ゴホッ
¡DIOS! ¡LE ESTÁ HACIENDO TRAGAR LOS HUESOS EN POLVO!
OYE... ¿POR QUÉ LE DAS ESE POLVO? NO CREO QUE SEA BUENO...
ANDA Y CALLA, NIÑO
LAS QUEMADURAS SE CURAN AL APLICAR EN ELLAS HUESO EN POLVO...
SI SE LO TOMA, NO MORIRÁ
¡TONTO! ¡MUCHAS PERSONAS SE HAN SALVADO GRACIAS A ESTO YA!
¡IMPOSIBLE! ¡ESO ES UNA SUPERSTICIÓN!
TOMA TU TAMBIÉN UN POCO, ASÍ NO ENFERMARÁS
¡NO, NO HACE FALTA! ¡ME DA ASCO!
MIRA QUE TE LO HE OFRECIDO CON BUENA FE. HAZ LO QUE QUIERAS
AUNQUE SEA UNA SUPERSTICIÓN, CREERÉ SI MI NIÑO SE PUEDE CURAR...

ESTO ES MUY RARO...
¡ESA TAMBIÉN HACE LO MISMO!
パパラララ
ゴーッ
¿QUIÉN SE HABRÁ INVENTADO ESTO?
SUS GANAS DE AYUDAR A SUS FAMILIARES LES HACEN CREER...
¡DEJAD DE VOLAR TAN BAJO! ¡LA GUERRA CONTINÚA!
¡MALDITOS B29!
ゴーッ
¡YA NO PODÉIS DESTRUIR MÁS SITIOS EN HIROSHIMA!
¡IMBÉCILES! ¿POR QUÉ ESTÁIS AQUÍ OTRA VEZ?

¡DEVOLVEDME MI CASA!
¡HOSTIA! ¡DEVOLVEDME A MI PADRE, A MI HERMANA, A SHINJI!
¡MIERDA DE YANQUIS! ¡BAJAD AQUÍ, QUE OS MACHACARÉ
¡ESTÚPIDOS! ¿ES QUE OS DIVERTÍS VIENDO LA CIUDAD LLENA DE CADÁVERES?
¡ESTÚPIDOS! ¡IMBÉCILES!
¿HASTA DÓNDE HABRÁ IDO PARA CONSEGUIR EL ARROZ?
GEN ESTÁ TARDANDO MUCHO...
ダァー
バァー
ARF, ARF
MIERDA, MIERDA, MIERDA

ドサッ
GE... GEN
EJEJE. ¡YA HE VUELTO! ¡Y AHÍ TIENES EL ARROZ!
HAS TARDADO DOS DÍAS... ESTABA PREOCUPADA
¡MAMÁAAA AA!
GEN ...
UAAAAH! LO HE PASADO FATAL PARA HACERME CON ESE ARROZ
GRACIAS... GEN, IMAGINÓ TODO LO QUE HAS TENIDO QUE HACER...

GE... GEN ...
¿QUÉ LE HA PASADO A TU CABEZA? ¡ESTÁS CALVO!
BUENO, ES QUE... CUANDO QUISE DARME CUENTA, YA ESTABA ASÍ...
¿TE DUELE ALGO? ¿ESTÁS BIEN?
NO... NO ME PASA NADA...
¿DE VERDAD? NO ME MIENTAS. SI LO HACES, ME ENFADARÉ
ES LA PURA VERDAD. ESTOY PERFECTO
GEN, NO TE MUERAS, POR FAVOR. SI TÚ TAMBIÉN TE FUERAS... ME VOLVERÍA LOCA.
¡NI HABLAR DE MORIR! ¡SOBREVIVIRÉ!

TOMA
SI TE LA TOMAS, NO TE PONDRÁS MALO
¿SABES? ME HAN DADO UNA MEDICINA
¿Y POR QUÉ TE QUEDASTE CALVO? ¿POR QUÉ SERA?
QUÉ SABOR MÁS RARO...
GULP
VALE
VENGA.
EXACTO. SABES MUCHAS COSAS
¿LA MEDICINA ESA NO SERAN HUESOS EN POLVO?
NO PUEDE SER...
¿Y QUÉ SI DE VERDAD TE CURAS?
HASTA MI PROPIA MADRE ES SUPERSTICIOSA... QUÉ TONTA... QUÉ TONTA...
PUA AAA AAJ

......
ENTIENDES POR QUÉ QUIERO CREER, ¿NO?
ESTOY PREOCUPADA. GENTE SANA ESTÁ QUEDÁNDOSE CALVA Y COGIENDO DIARREAS CRÓNICAS
UNA MUJER LE DIO EL PECHO, ASÍ QUE ESTÁ MUY BIEN
¿CÓMO ESTÁ EL BEBÉ?
UFFFF... PERO QUÉ ASCO...
MAMÁ... LO SIENTO... NO HABÍA PENSADO EN ESO...
¡QUÉ BIEN! ¡QUE BIEN!
EJEJE... ESTABA MUY PREOCUPADO
BUSCANDO ENTRE LOS ESCOMBROS
CUANTOS CACHARROS. ¿DE DÓNDE LOS COGISTE?
VALE
GEN, DEBES ESTAR MUERTO DE HAMBRE, ¿NO? VOY A PREPARAR ALGO DE ARROZ

MAMÁ, COME TÚ TAMBIÉN QUE TIENES QUE PODER DAR EL PECHO AL BEBE
VENGA, NO HAY MUCHO... PERO COME
¡RIQUÍSIMO! ¡ME VOY A MAREAR DE LA ALEGRÍA!
NO ES UN SUEÑO, NO ES UN SUEÑO... PUEDO COMER ARROZ...
UN TAZÓN DE ARROZ BLANCO. ¡POR FIN!
SÍ...
OJALÁ SHINJI Y EIKO PUDIERAN PROBAR ESTE ARROZ
ME LO COMERÉ GRANO A GRANO. ASÍ DURARÁ MÁS

......
SNIFF
¡ME DARÍA IGUAL MORIR SI PUDIERA TOMAR UN CUENCO DE ARROZ!
¡BUAAAAAAAH! ¡GEN ME HA QUITADO MI GRANO DE ARROZ!
¡DIOS MÍO!
¡DIOS MÍO!
¿QUÉ?

SHI... ¡SHIN-JI!
¿ESTA-BAS VIVO?
JIA
SHI... ¡SHIN-JI!
¿ADÓN-DE VAS?
¿ESTARÉ SOÑAN-DO?
ÉSE... TIENE QUE SER SHINJI...

GEN, VE A BUSCARLE
SEGURO QUE ANDA CON SUS JUEGOS, POR ESO COGIÓ EL ARROZ
¡SHINJI, ESPERA!
¡UAAAJAJA! ¡ASÍ QUE ESTABA VIVO!
¡CHACHI! ¡ESTÁ VIVO! ¡ESTÁ VIVO!
¡HURRA AAAA! ¡SHINJI, ESPERA!
ARF, ARF
SE HA ESCONDIDO EN ESTE REFUGIO

¡DEJA DE JUGAR AL ESCONDITE Y SAL!
¿DÓN-DE ESTÁS?
¡SHIN-JI, SAL!
UGGGH
FS SS SS
PREN-DED UNA VELA
CREO QUE SÍ
¿LA HA CAS-CADO?

¡PESADO! ¿PARA QUÉ ME HAS PERSEGUI-DO HASTA AQUÍ?
¡CHICOS! ¡HE TRAÍDO UN MONTÓN DE ARROZ!
¡BIE-EE-EN!
¿QUÉ HACE-MOS CON ÉSTE?
¡LO ENTERRA-REMOS EN UN AGUJERO!

¿QUÉ HACE-MOS CON ÉSTE?
ザッ
¡A-TENTOS!

¡LO ENTE-RRARE-MOS EN UN AGUJE-RO!
EJEM
¡SALUDEN AL GENERAL DE SUMINISTROS RYUTA!

ALEGRA OS TODOS
LA CAZA DE HOY NOS HA DEPARADO UNA BUENA CANTIDAD DE ARROZ
EJEM. DESCANSE EEN. AR
NOS SENTIMOS ENORMEMENTE AFORTUNADOS. JUA, JUA
GENERAL DE SUMINISTROS RYUTA. ENHORABUENA POR LA HAZAÑA
¡HONO RABLE LÍDER!
Y AHORA, MOSTREMOS DE NUEVO RESPETO AL GENERAL RYUTA
¡HMMMM!
SIEMPRE HE PENSADO QUE LAS TÉCNICAS PARA CONSEGUIR VÍVERES DEL GENERAL SON MAGNÍFICAS
¡SUFICIENTE, SUFICIENTE!

¡SEGURO QUE ESTÁIS HAMBRIENTOS!
¡AHORA PROCEDEREMOS A DIVIDIR EL ARROZ!
¡VIVAAAA!
¡VIVAAAA!
¡ARROZ, ARROZ!
¡EN FILA, EN FILA!
¿SÓLO ESTO? ¡QUÉ POCO!
¡TONTO! ¡SI NOS LO COMEMOS EN UNA SOLA VEZ SE ACABARÁ MUY PRONTO!
¡TIENES RAZÓN!
¡COMED LENTAMENTE! ¡MASTICANDO BIEN!
PASARÁ AL ESTÓMAGO Y SE HINCHARÁ
BIEN, BIEN
EJEJE. EL ARROZ SIEMPRE ESTÁ RIQUÍSIMO
ES VERDAD

¡EL BELLOTA ESTÁ AQUÍ!
¡EH!
¿CÓMO? ¿DE VERDAD?
¡ALEGRAOS! ¡LOS O-NIGIRIS YA ESTÁN AQUÍ!
POR SUPUESTO QUE SÍ
¿HAS DESCUBIERTO ALGO?
¡ÉSTA SERVIRÁ!
¡CHALOTE, TÚ LAS CACEROLAS!
¡PIRAÑA, TÚ LAS CESTAS!
¡VOY!
¡DESPUÉS SEGUIREMOS COMIENDO EL ARROZ ESTE! ¡AHORA VAMOS TODOS!
¡HURRA! ¡BRAVO!
¡AL ATAQUE! ¡QUE NO ESCAPEN!
¡UAAAH!
PUNPURURUNTANTAN
¡LISTOS PARA LA LUCHA!
¿LISTOS?

¡VIVA! ¡HU-RRA!
¿EH? ¿DÓN-DE ESTOY?
UF...
¿MM MM?
PERSEGUÍ A SHINJI... Y AQUÍ ME EMPEZA-RON A GOLPEAR
¿DÓN-DE ESTÁA AAAS?
¡SHINJI! ¡SHINJI!
¿ADÓN-DE HABRÁ IDO?
¡IMBÉCIL! ¡SHINJI ESTÁ DESPERDICIAN-DO EL ARROZ QUE TANTO ME COSTÓ CONSEGUIR!

¡PONEOS EN FILA PARA EL REPAR-TO!
¡TRAEMOS ARROZ RECIÉN HERVIDO POR LA ASOCIACIÓN DE MUJERES DEL BARRIO!
¡RÁ PI-DO!
¡SE VA A ACABAR COMO NO CORRA-MOS!
¡AHÍ ES-TÁN!
¡ARROZ RECIÉN HERVIDO!
¡HU-RRA!
¡VI-VA!

¡ÁNIMO, MUJER!
MUCHAS GRACIAS
ザクッ
¡SOMOS SIETE EN MI FAMILIA!
¡NOSOTROS DIEZ!
¡IGUAL QUE MI FAMILIA!
¡DE ACUERDO! ¡COMED MUCHO Y CRECED SANOS Y FUERTES!
ザクッ
¡LO CONSEGUIMOS! ONIGIRIS A GRANEL...
RYUTA, ESTOY TAN CONTENTO QUE CASI NO PUEDO CONTENER MIS NECESIDADES

NO HAY ARROZ, ASÍ QUE QUIZÁS YA NO VENGAMOS. AUN ASÍ, ¡ÁNIMO!
OYE, ¿CUANDO VOLVERÉIS A VENIR?
ESTAS AMAS DE CASA ESTÁN EN TODO... QUÉ BUENAS...
ESTE ARROZ ESTÁ COCINADO, ASÍ QUE NO CREO QUE SE PONGA MALO MUY PRONTO
¡SÍ, SÍ!
¡VENGA, VOLVAMOS Y COMAMOS!
EL HOMBRE DE CRO... EL HOMBRE DE MA... EL HOMBRE DE ÑON. EL HOMBRE DE CROMAÑÓN. EL HOMBRE DE CROMAÑÓN NO ESTÁ HECHO DE LATÓN, NO ESTÁ HECHO DE CARTÓN
¡ANDA! ¡VAMOS A TENER QUE DOSIFICARLO MUY BIEN!
BUN CHAKA BUN CHAKA BUN BUN BUN CHAKA
POR EL GRAN MANITÚ A DONDE VAYAS TÚ TANTOS INDIOS VERÁS QUE YA NO CABEN MÁS
¡NO!
¡OH!
¡AH!

¡TODOS EN FORMACIÓN DE ATAQUE!
¡LE QUITAMOS SU ARROZ Y LE GOLPEAMOS, ASÍ QUE SEGURO QUE SE ABALANZA CONTRA NOSOTROS!
¡VALE!
SHI... SHIN JI...
¡EL IMBÉCIL HA RECOBRADO EL CONOCIMIENTO!
LO TENDRÍAMOS QUE HABER ENTERRADO
¡UAAAAH! ¡SHINJI, ESTA VEZ NO TE DEJARÉ ESCAPAR!
¡YA VIENE!
¡BELLOTA! ¡MUÉRDELE LOS CATAPLINES!
¡VALE!
¡SHINPEI! ¡TÚ LAS PIERNAS!
¡VALE!
¡PIRAÑA! ¡TÚ EL CULO!
¡VALE!
¡CHALOTE, LAS MANOS!
¡VALE!
¡NO OS DEJÉIS VENCER!
¡SHINJIII!
¡UAAAH!
¡MORDISCO COMEPICHAS!

¡UA AA AH!
¡CÁLLATE! ¡NO SABES DE LO QUE SOMOS CAPACES!
¡UAAAAH! ¿PERO QUÉ HACÉIS?
¡AYAYAYAY AY! ¡DEJADME! ¡DEJADME!
¡DAD LE!
SHI... SHINJI...
¿POR QUÉ ME PEGAS?
¡MMMMMPGH!
¡ERES UN PLASTA! ¡MUÉRETE YA!
ボガッ
グワッ
¿NO ESTÁS ENFADADO POR QUE TE QUITE EL ARROZ?
¿YA NO ME RECUER-DAS? SOY TU HERMA-NO GEN...

¡YO NO SOY ESE SHINJI!
¡IMBÉCIL! ¡DEJA DE LLAMARME ASÍ DE UNA VEZ!
¡ESTABA MUY PREOCUPADO! ¡VOLVAMOS, SHINJI!
¡PERO DE QUÉ HABLAS!
¡ME ESTÁS ENGAÑANDO PARA BUR-LARTE!
¡MENTIRA! ¡MENTIRA! ¡ERES SHINJI!
JAMÁS HE TENIDO UN HERMANO COMO TÚ
ME LLAMO RYUTA, RYUTA KONDO
¡UAAAAH! ¡PARA YA!
¡ME ALEGRO DE QUE ESTÉS VIVO! ¡ME ALEGRO!
NO PUEDE SER...
NO PUEDE SER. SEGURO QUE SUFRISTE UNA CON-MOCIÓN POR LA SITUACIÓN Y EL INCENDIO, Y AHORA NOS HAS OLVIDADO A TODOS
ESTÁS LOCO! ¡ME DAS ASCO!

アホー アホー
EJEJE. SE HA PUESTO A LLORAR, QUÉ DIVERTIDO
ポケ〜ッ
SNIFF, SNIFF. SHINJI, HAZ UN ESFUERZO POR RECORDAR
¡NO TE CONOZCO DE NADA!
¡CALLA YA! ¡YO SÓLO TENÍA UN PADRE Y UNA MADRE!
TÚ HAS MENDIGADO CONMIGO, Y CANTADO BALADAS ÉPICAS... RECUÉRDALO...
MI PAPÁ Y MI MAMÁ...
MI PAPÁ Y MI MAMÁ...

RYUTA, ¿QUÉ HACES?
SSSSSH. HE ENCONTRADO UNA CIGARRA... SILENCIO...
UGH... ¡......
UUU-UGH... ¡PAPÁ! ¡MAMÁ!

¡PA-PÁ! ¡PA-PÁ!
¡UAAAH! ¡PAPÁ!
¡DIOS MÍO!
¡RYU-TA! ¡RYU-TA!
RYUTA... ESTÁS SANO Y SALVO... MENOS MAL... MENOS MAL...
UAAAH, MA... MA-MÁ...
¡LAS PIERNAS SE ME HAN PARTIDO! ¡NO PUEDO ANDAR!
¡UAAAAAH! ¡LA CASA SE ESTÁ QUEMAN-DO!

¡RYUTA, ESCAPA TÚ SOLO!
¡NO QUIERO! ¡NO QUIERO! SNIFF
¡VETE YA! ¡AUNQUE SEA TÚ SOLO, SÁLVATE!
SNIFF SNIFF ¡NO QUIERO!
¡TONTO!
¡ERES UN HOMBRE! ¡LEVÁNTATE Y VETE!
SNIFF
¡VETE RÁPIDO!
¡UUUUH! ¡MAMÁ, NO! ¡MAMÁ!
MIS PADRES Y FAMILIARES MURIERON, ASÍ QUE ME QUEDÉ SOLO
¿YA TE HAS CONVENCIDO DE QUE NO SOY SHINJI?
A NINGUNO DE NOSOTROS NOS QUEDA NADIE
......

IGUAL QUE LA MÍA
MI CASA SE DERRUMBÓ CON MI FAMILIA DENTRO
¡PAPÁ! ¡MAMÁ! ¡SALID TODOS!
......
¿ENTERADO? ¡NO SOY SHINJI! ¡DEJA DE SEGUIRME YA!
SNIFF
SNIFF
VENGA, VAMOS
SNIFF
NOSOTROS SOBREVIVIREMOS UNIENDO NUESTRAS FUERZAS. DEJA DE MOLESTARNOS...
POR EL GRAN MANITÚ A DONDE VAYAS TÚ TANTOS INDIOS VERÁS QUE YA NO CABEN MÁS
¡NO PONGÁIS ESA CARA! ¡ÁNIMO! ¡VAMOS A CANTAR!

……
POR EL GRAN MANITÚ PRONTO EL DÍA VENDRÁ EN QUE HABRÁ QUE APRENDER CHIGUAGUA HOY LOS INDIOS DE ALLÁ SON LA MODA DE ACÁ Y JAPONESAS SIAMESAS ANDAN YA
¡MENTIRA AAA!
¡MEN-TIRA! ¡MEN-TIRA! ¡MEN-TIRA!
¡MENTIRA!
OH NO...
SNIFF ¡ÉSE ES SHINJI! ¡TIENE QUE SER SHINJI!

......
......
ASÍ QUE NO ERA SHINJI... SE LLAMABA RYUTA...
......
......
GEN... ES HORRIBLE PERO... SHINJI YA HA MUERTO. DÉJALO ESTAR Y ANÍMATE
¡NO QUIERO! ¡NUNCA LE OLVIDARÉ!
ESE NIÑO SE PARECÍA MUCHO A SHINJI...
DICEN QUE HAY 5 PERSONAS IDÉNTICAS A UNO EN EL MUNDO...

VAMOS A EBA, UNA AMIGA VIVE ALLÍ
GEN, NO PODEMOS QUEDARNOS AQUÍ ETERNAMENTE
POBRECILLO... SE LE HA METIDO EN LA CABEZA QUE ES SU HERMANO...
VOY A OBLIGARLE A CONFESAR QUE EN REALIDAD ES SHINJI
NUESTROS PARIENTES VIVÍAN EN HIROSHIMA. AHORA SEGURO QUE ESTÁN TODOS MUERTOS
¿ES FAMILIAR?
NO, ES UNA AMIGA MUY ÍNTIMA
浩二あんちゃん
昭あんちゃん
元とおかあちゃんは
江波にいる
¿CUÁNDO VOLVERÁN KOJI Y AKIRA?
VAMOS A PONER UN CARTEL DE AVISO EN LA CASA Y DESPUÉS SALIMOS PARA EBA
......
VOY A BUSCAR LA MADERA PARA EL CARTEL
YO ESTARÉ AQUÍ

......
¡UAAAAAH! ¡BOKU!
BO... BOKU
¿QUÉ ESTÁS HACIENDO?
BOKU, ¿ENCONTRASTE A TU PADRE?

BOKU...
ギラッ
¿EH?
ESA MIRADA...
¿QUÉ LE HABRÁ PASADO?
BO... BO-KU...
¡VETE! ¡DÉJAME EN PAZ!
UAH

* N.DEL T.: DIOS MÍO EN COREANO

POR FAVOR, NO TE MUERAS, NO TE MUERAS.
UUUUH, UUUUUH
PAPÁ, AGUANTA. TE VOY A LLEVAR AL PUESTO DE SOCORRO, ALLÍ TE CURARÁN
SEÑOR DOCTOR, ÉCHELE UN VISTAZO A ESTE PACIENTE
UUUH
UUUU HUUU UH
UUUUH
LLEVAMOS ESPERANDO MÁS DE 5 HORAS. SE LO RUEGO.
SOIS COREANOS...
SEÑOR DOCTOR, NOS OBLIGARON A VENIR A JAPÓN, LOS COREANOS HEMOS LUCHADO JUNTO A LOS JAPONESES EN LA GUERRA... DERRAMAMOS NUESTRO SUDOR POR ESTE PAÍS. ¿POR QUÉ AHORA NO PUEDE ATENDERNOS?
¡CALLA YA!
NO TENGO TIEMPO DE EXAMINAR A LOS COREANOS.
¿CÓMO?

***** PUESTO DE SOCORRO ****UME GOTO 45 AÑOS, SHIGEMI GOTO 50 AÑOS, NOBORU DAIDA 8 AÑOS *** KAZUYO 15 AÑOS, SUMIYOSHI 28 AÑOS MAMORU YAMAOKA 10 AÑOS

** FALLECIDOS * PUESTO DE SOCORRO

CON LA DE COSAS QUE TENGO QUE HACER... NO PUEDO ATENDER A UN COREANO
YA LO HE OÍDO. AHORA DESPUÉS LE EXAMINARÉ.
NECESITA QUE LE CUREN LO ANTES POSIBLE.
PAPÁ... PAPÁ...
OTAMPOCO NOS AYUDARÁN AQUÍ... QUÉ CRUEL...
AUNQUE HUBIERA ESTADO DESTINADO A FALLECER, AL MENOS QUERÍA QUE FUERA ATENDIDO PARA QUE MURIERA DIGNAMENTE...
ABOJI
N. DEL T.: PADRE EN COREANO.
LAS BURLAS DE TODOS HACIA NOSOTROS NO TIENEN LÍMITE.

NUNCA OLVIDARÉ ESTE TRATO... NUNCA...
NO... SOMOS CONSIDERADOS SERES HUMANOS
Y ESO NO ES TODO. LOS CADÁVERES DE LOS COREANOS PERMANECEN EN EL SUELO SIN QUE NADIE SE DIGNE A DIRIGIRLES LA MIRADA.
UN ATAÚD...
AHORA ESTOY CONSTRUYENDO UN ATAÚD PARA ENTERRAR A MI PADRE COMO SE MERECE...
ドン ドン ガン ガン
ギーコ ギーコ
ギーコ ギーコ

BOKU, CUANDO YO ME HAGA MAYOR, JAMÁS ME BURLARÉ DE LOS CORE-ANOS
GEN, DISCÚLPAME POR LO DE ANTES. ME DEJÉ LLEVAR POR MIS SENTI-MIENTOS. TÚ NO TIENES NINGUNA CULPA.
NO TE PREO-CUPES. COMPRENDO TU ENFADO
ギギギ
...
ÁNIMO, BOKU.
PAPÁ... VUELVE A NUESTRA AMADA TIERRA Y DESCANSA EN PAZ.

……
パチ
パチ
¡OH!
パ
EL AIRE DEL INTERIOR SE ESTÁ EXPANDIENDO CON EL CALOR.
NO...

QUEMAR A UN HOMBRE ES IGUAL QUE CON UN PESCADO. EL CUERPO SE LEVANTA Y SE PONE RÍGIDO...
PADRE... VEO QUE AÚN DESEAS PERMANECER EN ESTE MUNDO...
VOLVER A COREA EN VIDA... ERA TU ILUSIÓN DIARIA...
SNIFF
RYUTA, ES AQUEL CHICO.
ESTÁ CON UN COREANO. VAMOS A CHINCHARLES UN POCO.

IMBÉCILES.
¿QUÉ ESTÁIS ASANDO? SI SON PATATAS, DADME ALGUNA.
¿SERÁ POR EL DEDO MEÑIQUE?
¡SOY COREANO! ¿POR QUÉ SE BURLAN DE MÍ? COMO LO MISMO QUE LOS JAPONESES, CAGO IGUAL. ¿QUÉ ME DIFERENCIA?
¡UAA AH!
¡ESTÚPIDOS!
SHINJI, ¿YA HAS OLVIDADO LO QUE DIJO PAPÁ?
¿QUÉ MIERDA HACES?
¡UGH!

DEBEMOS LLEVARNOS BIEN CON LA GENTE DE TODOS LOS PAÍSES. NO OS DEJÉIS ENGAÑAR.
INTENTAN INCULCARNOS LA IDEA DE QUE LA GENTE DE LAS NACIONES EXTRANJERAS ES INÚTIL, QUE SON DEMONIOS... TODOS ESTO ES PARA HACERNOS CREER QUE PODEMOS GANAR LA GUERRA.
¡NUNCA MÁS TE METAS CON LOS COREANOS!
¿ENTENDIDO?
¡SHINJI, DEJA YA DE REÍRTE DE LOS COREANOS!
¡ME VENGARÉ!
¡AY!
¡TONTO! YO NO SOY SHINJI, ME LLAMO RYUTA, RYUTA.
NO PARA DE DECIR QUE NO ES SHINJI, PERO YO CREO QUE ES ÉL.
¿SHINJI ESTABA VIVO?
CALVO
ESTÚPIDO
PIN CHAUVAS

¡SHINJI! ¡EIKO! ¡DAIKICHI
¡VENGA, VÁMONOS!
ES IDÉNTICO A ÉL
DEBIÓ DE MORIR EN EL INCENDIO. POR ESO ME HE SORPRENDIDO MUCHO
ESTÁN APRISIONADOS BAJO TIERRA. SEGURO QUE NO PARAN DE LAMENTARSE.
......
GEN, ¿HAS DESENTERRADO SUS RESTOS?
GE... GEN...
¡TIENEN QUE ESTAR VIVOS!
BOKU, NO SIGAS. SHINJI, EIKO Y PAPÁ ESTÁN VIVOS

TODOS CONFÍAN EN QUE SUS ALLEGADOS ESTÉN VIVOS.
PERDONA POR LO QUE HE DICHO.
¡BOKU, ERES TONTO!
GEN, TENEMOS QUE HACERNOS FUERTES.
VOY A FORTALECERME... LO HARÉ... OS LO DEMOSTRARÉ A TODOS.
......

DEBO IR A RECOGER LOS RES-TOS DE PAPÁ.
BOKU... TIENE RAZÓN.
ARF, ARF
LOS ESCOMBROS DE MI CASA ME ESPERAN.
SI TAMBIÉN ESTÁN LOS RES-TOS DE SHINJI, ESTARÁ CLARO QUE YA HA MUERTO.

¡ALE HOP!
MENOS MAL QUE ENCONTRÉ ESTE CARRO ABANDONADO.
YA HE TERMINADO DE ORDENAR TODO...
ASÍ QUE AHORA, A EBA.
......
VENGA, NOS VAMOS A LA CASA DE LOS HAYASHI EN EBA.
¿YA HAS PUESTO EL CARTEL PARA QUE LO LEAN KOJI Y SHINJI?
AÚN NO.
DATE PRISA ENTONCES.
VALE ...
GEN... ¿PARA QUÉ QUIERES ESE CUBO?
VOY A RECOGER LOS RESTOS
LOS RESTOS...
¿DE QUIÉN?

NO LO HAGAS.
¿CÓMO?
PUES, ¿DE QUIÉN VAN A SER? DE PAPÁ, DE EIKO, Y TAMBIÉN DE SHINJI.
ぶる
ぶる
PERO SI FUISTE TÚ QUIÉN ME DIJO QUE PERDIERA LA ESPERANZA. ¿A QUÉ VIENE ESO?
¿VERDAD, GEN?
NO LOS ENCONTRARÁS. ELLOS ESTÁN VIVOS.
MAMÁ...
NO QUIERO PERDER LA ESPERANZA. TENGO MIEDO DE PERDERLA
VER LA EVIDENCIA DE SU MUERTE ES MUY CRUEL.
NO QUIERO VER LOS HUESOS DE MI PROPIO MARIDO Y MIS HIJOS...
TENGO MIEDO
POR ESO TENGO QUE SACARLO YA.
NI HABLAR. SI PAPÁ ESTÁ MUERTO DE VERDAD, SEGURO QUE SE LAMENTA POR ESTAR BAJO TIERRA.
GEN, NO HACE FALTA QUE DESENTIERRES SUS RESTOS TAN PRONTO.

NO QUIERO PERDERME EN FALSAS ESPERANZAS
QUIERO COMPROBAR SI ESE RYUTA ES SHINJI O NO.
GEN, NO LO HAGAS...
LOS DESEN-TERRA-RÉ
......
GEN... NO...
ÉSTA ES NUESTRA CASA

ES EL MATERIAL DE PINTURA DE PAPÁ... EL CALOR HA RETORCIDO TODO
BAJO ESTA TIERRA...
AQUÍ ES... LOS TRES FUERON APLASTADOS JUSTO AQUÍ.
......
¡GEN! ¿QUÉ HACES? ¡VETE DE AQUÍ CON TU MADRE! ¡NO DEJES QUE EL FUEGO OS RODEE!
UFFF... NO PUEDO MOVERME...
¡GEN, TENGO MUCHO CALOR, SÁCAME DE AQUÍ!!!!!!

¡ME PROMETISTE QUE IRÍAMOS JUNTOS AL RÍO PARA JUGAR CON EL BARCO!
GEN, ¿TE VAS A IR? ¡MAL HERMANO! ¡MAL HERMANO!
DAIKICHI ...
VALE, PAPÁ... NOS IREMOS AHORA MISMO...
¡GEN, IROS DE UNA VEZ! ¡CUIDA A TU MADRE!
UUU UH...
¡SHINJI! ¡AQUÍ ESTÁ TU BARCO!
NO PUEDO... ¡AUNQUE EMPUJE, LA COLUMNA NO SE MUEVE UN CENTÍMETRO!
¡SÁCAME DE AQUÍ LO ANTES POSIBLE!
¿QUÉ HACES AHÍ? ¡VETE YA!
MAMÁ, NO PUEDO MOVERME...
¡SÍ, MUY RÁPIDO! ¡ES EL BARCO MÁS RÁPIDO DE JAPÓN!
ESTE BARCO CORRERÁ MUY RÁPIDO, ¿VERDAD?
¡GEEE EEE-EEN!
ゴゴー

……
MIERDA ...
ザクッ
ザクッ
OJALÁ NO ENCUENTRE LOS RESTOS.
SI FUERA ASÍ, ESO ES QUE ESTÁN VIVOS.
ザクッ
¡QUE NO HAYA NADA!
ザクッ ザクッ ザクッ
¡OH!

ES EL BARCO QUE LE DI A SHINJI...
TENGO MIEDO DE ENCONTRAR SUS RES-TOS...
UFF, UFF... SUFI-CIENTE. NO PUEDO SEGUIR CAVANDO.
ガラッ
¡MIER DA!
PERO TENGO QUE DESCUBRIR LA VER-DAD. TENGO QUE CONTINUAR
MIERDA, MIERDA. NO, NO.
¡NO!
ザクッ

ガタ
ガタ
ÉSTE... ES SHINJI...
SÍ QUE ESTABAN AQUÍ...
¡MEN TIRAAA AAA!
¡MEN TIRAAA AAA!
¡MEN TIRAAA AAA!
......
¡NO! ¡NO! ¡NO!

¡NO!
Y ÉSTA DEBE DE SER EIKO.
ÉSTE GRANDE... ES PAPÁ.
AUNQUE TE PISEN UNA Y OTRA VEZ, SE FUERTE COMO EL TRIGO.
¡GEN, UNA CARRERA HASTA NUESTRO CAMPO!
¡AQUÍ HAY UN PORRÓN DE CIGARRAS!

YA NO RESPI-RAN... NO RESPI-RAN...
¡MIERDA! SÍ QUE MURIERON... NO HAY DUDA...
SNIFF
KOJI, AKIRA. GEN Y MAMÁ ESTÁN EN LA CASA DE LOS HAYASHI EN EBA
AHORA NO SOIS MÁS QUE HUESOS...
ガガ
ララ
ガガ
ララ

ガラ
ガラ
……
……
……
¡EH, TÚ! ¡EL OTRO DÍA ME VAPULEASTE! HE VENIDO A DARTE TU MERECIDO.
……
¡EH! NO HUYAS Y PELEA.
オオ
¡VAMOS A MACHACARLE
パッ
¡NO DEBERÍAS HABERTE METIDO CON RYUTA!

ガッ
ガッ
¡IMBÉCIL!
NADIE SALDRÁ IMPUNE SI ATACA AL GENERAL DE SUMINISTROS.
VENGA, SI TIENES RABIA, LEVANTA Y PELEA.
......
ガン
¡CAPULLO!
¡CACHO DE IMBÉCIL! ¡CALVITO! ¡DEJA DE HACERTE EL IMPORTANTE!
......
ガラ ガラ
ヨロ ヨロ
ガラ ガラ
TAMBIÉN TONTO, ¿NO?
ES UN INÚTIL.
AUNQUE LE PEGUEN NO REACCIONA
¡QUÉ SE CREERÁ!
TSK. ANTES NO PARABA DE LLAMARME SHINJI, PERO AHORA NI ME HA MIRADO.

......
......
......
TODA ESPERANZA HA DESAPARECI-DO...
GEN... YA NO ESTÁN CON NOSOTROS...
AHORA VUELVO, TENGO QUE COGER UNA COSA DE AQUÍ ABAJO.
PÁG.112
DEJEMOS DE PENSAR EN ELLO YA. VAMOS A EBA.
AUNQUE... ERA ALGO QUE YA SABÍAMOS...
......

CUÁNTO TARDA. ¿QUÉ ESTARÁ HACIENDO?
......
MMMM
SNIFF, SNIFF, SNIFF
SNIFF, SNIFF, SNIFF

SNIFF
YA NO ME IMPORTA NADA...
QUIERO DEJAR DE VIVIR YA... DAIKICHI... YA NO ME IMPORTA NADA...
MA... MAMÁ...
AAA
AAA
UAA
AAH
GEN...
MAMÁ, PERDONA. NO DEBERÍA DE HABER DESENTERRADO LOS HUESOS. MAMÁ, NO ME DEJES
UAAAAAH
UAAAAAAAAH
¡MAMÁ, MAMÁ!
¡GEN!

NO HE OLVIDADO LAS PALABRAS DE PAPÁ...
GEN... NO TE VOY A DEJAR. NO PUEDO DEJAROS SOLOS EN ESTE MUNDO
SNIFF
SNIFF
ESTABA DESESPERADA... PERDÓNAME.
SNIFF
¡ESCÚCHAME! ¡TIENES QUE PROTEGER A TUS HIJOS! ¡TIENES QUE VIVIR!
AKIRA ESTÁ EVACUADO, KOJI EN EL CAMPO DE ENTRENAMIENTO... Y ADEMÁS, EN TU VIENTRE HAY UN BEBÉ...
VAMOS A ALEJARNOS DE TODO ESTE PANORAMA QUE NOS TRAE TAN MALOS RECUERDOS.
VENGA, A EBA.
SÍ, VAMOS, MAMÁ
¡ÁNIMO!

ヨイショ
ヨイショ
GEN, ¿PUEDES TÚ SOLO?
ESTO ES PAN COMIDO.
EN EBA RECONSTRUIREMOS NUESTRAS VIDAS. HAY QUE SER FUERTE...
PAPÁ, EIKO, SHINJI, YA NO NOS SEPARAREMOS NUNCA. OS LLEVO A EBA.
カタカタ
カタカタ
LOS HUESOS DEL CUBO NO PARAN DE TRAQUETEAR. ES COMO SI LLORARAN.
カタ
カタカタ
SOMOS FUERTES, SOBREVIVIREMOS

ACABABA DE DESENTERRAR LOS HUESOS DE SU FAMILIA Y POR ESO ESTABA DESTROZADO...
HEMOS HECHO ALGO MUY MALO.
SÍ, ES VERDAD...
PERO... QUÉ ENVIDIA... SU MADRE AÚN VIVE...

MAMÁ, ¿HAY MUCHOS BARCOS EN EBA?
CLARO. ES UN PUEBLO PESQUERO
¿FALTA MUCHO PARA LA CASA DE TU AMIGA?
SÓLO UN POCO
¿POR QUÉ SOIS TAN AMIGAS?
LOS HAYASHI VIVÍAN CERCA DE MI CASA. ÍBAMOS AL MISMO COLEGIO, Y DESDE PEQUEÑAS JUGÁBAMOS MUCHO JUNTAS.
¿VES? AHÍ ARRIBA HAY UN OBSERVATORIO. SU CASA ESTÁ JUSTO DEBAJO

MENOS MAL QUE LA ONDA EXPANSIVA SÓLO ROMPIÓ ALGUNOS CRISTALES O INCLINÓ LEVEMENTE LOS EDIFICIOS POR ESTA ZONA.
SÍ, ES UNA SUERTE QUE NO HUBIERAN INCENDIOS.
¡KIMIE!
¡CUÁNTO TIEMPO!
¡QUÉ ALEGRÍA QUE ESTÉS VIVA!
¡KIYO!

Gracias, Kiyo...
Pues claro que sí. Quédate cuanto quieras.
Hola.
Éste es mi hijo Gen.
Hola
Me he preocupado mucho. Oí que todo Hiroshima se quemó y la gente estaba desesperada...
Kiyo. Me gustaría pedirte que nos dejaras vivir aquí por un tiempo.
......
Kimie...
......
......
Kimie, ¿y tu marido y los demás?
Ante todo, entra y descansa, ya tendremos tiempo para hablar.
Gracias, Kiyo...
Debes haberlo pasado muy mal, pero anímate

……
……
POR FAVOR, DEJA QUE MI AMIGA KIMIE SE QUEDE AQUÍ DURANTE UN TIEMPO.
Y MIS HIJOS, TATSUO Y TAKEKO.
ES LA MADRE DE MI MARIDO..
SIENTO VENIR TAN DE PRONTO. SE LO RUEGO.
SI ALGUIEN ENTRA Y ENSUCIA ESTA CASA, SERÁ UNA FALTA DE RESPETO PARA MI HIJO, O SEA, PARA TU MARIDO.
TENEMOS QUE CUIDAR LA CASA HASTA QUE MI HIJO VUELVA DE LA GUERRA.
PERO ABUE-LA...
KIYO, ESTO NO ES UN HOTEL.

......
......
BAH, HAZ LO QUE QUIERAS.
PERO ES MI AMIGA ÍNTIMA, PODRÍAMOS AYUDARLA.
MM MM
TATSUO, TAKEKO, ESTE ES VUESTRO NUEVO AMIGO. SE LLAMA GEN
PERDONA POR TODAS LAS MOLESTIAS
KIMIE, NO TE LO TOMES A MAL. ES QUE ES MUY TOZUDA Y OBSTINADA.
DEJA DE DECIR TONTERÍAS. HAN PERDIDO TODAS SUS PERTENENCIAS POR EL FUEGO.
ES UNA COSTUMBRE LLEVAR UN REGALO A LA CASA QUE SE VISITA.
¿UN REGALO?
¿ME HAS TRAÍDO ALGÚN REGALO?
KIMIE... YA ME ENCARGARÉ DE REGAÑARLES AHORA DESPUÉS. NO LE DES IMPORTANCIA A LO QUE DICEN
......
VAYA, ¿VIENEN CON LAS MANOS VACÍAS? ¡QUÉ ROLLO!

SEGURO QUE TENÉIS HAMBRE. VOY A PREPARAROS ALGO, VOSOTROS DESCANSAD MIENTRAS.
GRACIAS, KIYO.
......
MAMÁ... NO LES CAEMOS BIEN.
ES VERDAD...
PERO NO TENEMOS A DONDE IR. ESTE SITIO ES NUESTRA ÚLTIMA ALTERNATIVA
EN CUANTO PUEDA, LE DEVOLVERÉ EL FAVOR...
ザ
GEN... ¿CUÁNTOS DÍAS HACE QUE NO DESCANSAMOS SOBRE TATAMI?
ザラ ザラ
HUELE MUY BIEN.
ME PARECE UN SUEÑO.
FUN

CUI-
DA-
DO
CON
EL
FUE-
GO
¡QUÉ FESTÍN!
GEN, COME.
GRACIAS POR TODO.
SÉ QUE ES POCO, PERO ESPERO QUE OS GUSTE.
MAMÁ, HOY HAY MUY POCA COMIDA
YO TAM-BIÉN TENGO MUY POCO.
¡NO! ¡NO!
¿ES QUE NO SABÉIS QUE HAY MUY POCO ARROZ?
¡NO QUIERO! ¡PREFIERO TOMAR MÁS ARROZ!
TODOS TENÉIS LO MISMO. AGUANTAOS. OS HARÉ PATATAS ASADAS.

......
......
DAME ESE ARROZ.
TENEMOS MENOS PORQUE LE HAS DADO A ESTOS.
KIYO, NO LE PUEDES PEGAR. HA DICHO LA PURA VERDAD.
BUAAAAAA. MAMÁ ME HA PEGADO.
¡IMBÉCIL! YA ERES MAYORCITO PARA OBEDECER A TU MADRE.
DISCÚLPANOS, TODO ES PORQUE HEMOS VENIDO.
MIS HIJOS SON UNOS CAPRICHOSOS. QUÉ VERGÜENZA. SEGUID COMIENDO, POR FAVOR.
PE... PERDONA... TODO ESTO ES POR MI CULPA...
KIYO, DALE ESTO A TATSUO. NO QUIERO MÁS.
ME LO TENGO QUE COMER RÁPIDO
QUÉ NIÑA... NO PARA DE MIRAR MI CUENCO DE ARROZ...

BUAAA. SE HA COMIDO MI ARROZ.
¿QUÉ HA PASADO?
BUAH
QUÉ RICO ESTABA
……
……
BUAAA AA, BUAAA AAA.
TAKEKO, DÉJALO DE UNA VEZ.
……
……
MAMÁ, NO QUIERO SEGUIR AQUÍ.
GEN, AGUANTA. EN REALIDAD ESTAMOS MOLESTANDO
PASE LO QUE PASE, RESISTE.
DE ACUERDO

オギャー
オギャー
オギャ
オギャ
オギャ
EA, EA, EA. ¿TIENES HAMBRE?
チュー
チュー
VENGA, BEBE.
SIENTO QUE MIS PECHOS NO DEN LECHE. SÓLO TE PUEDO DAR SOPA DE ARROZ.
MAMÁ, TENEMOS QUE PONERLE NOMBRE AL BEBÉ.
ES VERDAD. ¿QUÉ NOMBRE LE PONEMOS?
QUIERO QUE TODOS SE ENCARIÑEN CON ELLA...
Y QUE TENGA MUCHOS AMIGOS, ¿VALE?
TOMOKO
¿Y SI COGEMOS EL KANJI TOMO, QUE SIGNIFICA AMIGO, Y LE AÑADIMOS EL SUFIJO DE MUJER? TOMOKO. ASÍ HARÁ MUCHOS AMIGOS.
TOMOKO
ESE NOMBRE ME GUSTA MUCHO. MUY BIEN, GEN.
¡JEJE!

YO TE HE PUESTO TU NOMBRE. ¿TE HA GUSTADO? ES BONITO, ¿NO?
DESDE HOY, ERES TOMOKO NAKAOKA. JEJE.
TOMOKO, TIENES QUE CRECER RÁPIDO PARA AYUDAR A MAMÁ.
TENGO QUE LAVAR LOS PAÑALES.
¡BIEEEN! ¡BIEEEEN!
¡TOMOKO! ¡TOMOKO! ¡CRECE PRONTO!
GEN, NO HAGAS TANTO RUIDO. PARA.
ME TOCAN LAS NARICES.
SE CREEN QUE ESTÁN EN SU PROPIA CASA.
ABUELA —
¡A ECHARLES!
HAY QUE ECHARLES.
TIENES RAZÓN
TAKEKO, SI SE QUEDAN, PODREMOS COMER MUY POCO.

ES AMIGA DE KIYO
PERO NO PODEMOS CUIDAR DE NADIE AHORA QUE ESCASEAN TANTO LOS VÍVERES. ¡HAY QUE ECHARLES!
OS DOY PERMISO PARA QUE LES CHINCHÉIS CUANTO QUERÁIS Y ASÍ SE VAYAN.
VALE.
VERÁN LO QUE ES BUENO.
JIA JIA
¡EH!
¿QUÉ PASA?
EN CASA AJENA, QUÍTATE EL GORRO AL MENOS.
......
¡ANDA! MIRA, TAKEKO, ESTÁ CALVO. ¡QUÉ CURIOSO!
¡ES VERDAD! ¡CALVO! ¡CALVO! ¡QUÉ VERGÜENZA!

¡UNO! ¡CALVOROTA, ROTA, ROTA! ¡DOS! ¡UN MISERABLE CALVOROTA! ¡TRES! ¡UN HORRIBLE CALVOROTA!
¡CUATRO! ¡COMPLETAMENTE SIN PELITOS!
¡CINCO! ¡UN CALVOROTA LOCO! ¡SEIS! ¡UN CALVOROTA CARROZA!
¡SIETE! ¡OTRO CALVOROTA! ¡OCHO! ¡UN CALVOROTA CON QUEMADURAS! ¡NUEVE! ¡UNO DERRIBADO!
¡DIEZ! ¡ESTÁ SIN UN PELITO!
ポコポコポコ
JA JA JA
JA JA JA
JA JA JA JA JA
¿CÓMO SE LLAMA EL BEBÉ?
TOMOKO...
DÉJAMELA.
NI HABLAR. ESTÁ RECIÉN NACIDA.
FUN. ESTA MIERDECILLA DE NIÑA TIENE LA CARA DE UNA MONA ODIOSA.
......
LECHES. SE ESTÁN PASANDO...

......
MONA, MONA. MIERDIMONA. TONTIMONA.
ギュー
オギャー
¡SE HA PUESTO A LLORAR!
オギャー!
オギャー!
ERES ESTÚPIDA.
オギャ
NO HE HECHO NADA.
MMM
LE HAS DADO UN PELLIZCO. ¡TONTA!
EL CALVOROTA SE HA CABREADO Y SE HA PUESTO ROJO. PARECE UN TOMATE ECHANDO CHISPAS.
JAJAJA. ¡QUÉ CURIOSO! ¡ENFÁDATE MÁS, MÁS!
¡ESTÚPIDOS!
¡OS HABÉIS PASADO!
AU UU

¡NO JUGUÉIS CONMIGO!
UGH
UAAAAAH
BUA AAA
¿QUÉ OS HA PASADO?
BUAAA. EL CALVOROTA NOS HA PEGADO
ARF, ARF.

ANDA Y CALLA, AHORA ESTÁS EN UNA CASA AJENA.
NI HABLAR. HA SIDO CULPA SUYA.
DISCÚLPATE DE RODILLAS.
CÓMO HAS PEDIDO HACERLES ESTO...
ERES UN MUCHACHO HORRIBLE.
MMMPGH
MMMM
ガッ
¡DISCÚLPATE!
BUAAA
GEN, ¿QUÉ PASA?
ダダ
ガッ
NO ME MIRES ASÍ. ¡DISCÚLPATE!
¡NO QUIERO!
GEN, VENGA, PIDE PERDÓN.
NO PUEDO DEJAR QUE ALGUIEN ASÍ SE QUEDE AQUÍ.
TU HIJO ES UN MALCRIADO. HA PEGADO A TATSUO Y TAKEKO, PERO NO PIDE PERDÓN.

NO HE HECHO NADA MALO.
¿POR QUÉ TENGO QUE DISCULPARME?
DA IGUAL, TÚ PIDE PERDÓN.
NO HE HECHO NADA MALO. ELLOS LE HAN DADO UN PELLIZCO A TOMOKO. SE HAN METIDO CONMIGO.
NO QUIERO.
¡PIDE PERDÓN!
¡ESTÚPIDO, VENGA!
UUUUH
TIENES QUE MANTENER TU PROMESA. IBAS A RESISTIR PASARA LO QUE PASARA...
VENGA, HAZLO YA
SILENCIO. NO LO HARÉ HASTA QUE ÉL MISMO PIDA PERDÓN.
LE RUEGO QUE DISCULPE A GEN

TIENE TODA LA RAZÓN, MI HIJO HA HECHO ALGO HORRIBLE.
NO QUIERO QUE SEAS TÚ QUIEN SE DISCULPE.
……
GEN, POR FAVOR, NO EMPEORES MÁS LAS COSAS.
DE ACUERDO, MAMÁ, LO HARÉ, LO HARÉ
LO… LO SIENTO. LA CULPA HA SIDO MÍA. PERDÓNEME.
ESO TENDRÍAS QUE HABER DICHO DESDE EL PRINCIPIO.
COMO VUELVAS A PEGARLES, TE VAPULEARÉ, ¿ENTENDIDO?
¿EH, CALVOROTA?
¡CALVO ROTA! ¡CALVO ROTA!
……
SNIFF
GEN… GRACIAS POR HABER RESISTIDO.
YA SÉ QUE TÚ NO HAS HECHO NADA. LO SÉ MUY BIEN.

......
SI LA BOMBA NO HUBIERA DESTRUIDO NUESTRA CASA, NO HABRÍAS TENIDO QUE PASAR POR ESTO...
ES MUY DIFÍCIL VIVIR BAJO EL TECHO DE ALGUIEN...
JIA, JIA.
QUE ESE DOLOR SEA LA RAZÓN DE TU VENGANZA.
ME HA DOLIDO
¡BIEN HECHO! SEGUID ASÍ, HAY QUE ECHARLES LO ANTES POSIBLE.
GEN SE VIO OBLIGADO A TRAGARSE ESA BOCANADA DE AIRE FRÍO QUE ERA MUESTRA DE LA CRUELDAD DE LA GENTE. EN ESE MOMENTO, COMPRENDIÓ LO DIFÍCIL QUE ERA ESTAR VIVO Y VISLUMBRÓ LEVEMENTE LAS PENURIAS QUE AÚN HABÍAN DE LLEGAR...

CLAP
CLAP
TAKEKO, AVÍSAME SI LLEGA ALGUIEN
カタッ
VALE.
ザクッ
ザラザラ
YA ESTÁ, VAMOS.
うん
BIEN! VENGA, DAME UN POCO.
NO TE IMPACIENTES.

SÍ.
ESTE ARROZ ESTÁ MUY BUENO.
LA ABUELA Y MAMÁ SE ENFADARÁN, ASÍ QUE NO SE LO DIGAS A NADIE.
SI NOS PILLAN COMIENDO ARROZ...
VALE.
GÜEEEE, GÜEEEE
TOMOKO, ¿TIENES HAMBRE? AHORA MISMO TE PREPARO SOPA DE ARROZ.
ME JOROBA QUE DESDE QUE GEN ESTÁ AQUÍ, TENEMOS MENOS ARROZ EN NUESTROS CUENCOS.
SÍ, QUE INCORDIO.
YA QUEDA POCO DEL ARROZ QUE GEN CONSIGUIÓ EN NINOSHIMA. HAY QUE USARLO BIEN, PUES ES EL ALIMENTO DE TOMOKO...
¡NO LLORES MÁS! ¡AGUANTA!

QUÉ ASTUTA...
ASÍ QUE ESCONDÉIS VUESTRO ARROZ MIENTRAS OS COMÉIS EL DE MI CASA...
VALE.
GEN, CUIDA DE LA NIÑA.
......
......
VAYA, VAYA.
¿DE DÓNDE HABRÁN SACADO ESE ARROZ?
¿CÓMO?
HAY MENOS ARROZ DEL QUE DEBERÍA. ¿LO HABRÁN ROBADO?
¿QUÉ HA PASADO?
QUÉ RARO...
NO, NO PUEDE SER KIMIE.
HAS DEJADO QUE UNOS LADRONES ENTREN EN CASA.
¡LO SABÍA!

KIYO, QUIERO PREPARARLE ALGO AL BEBÉ. ¿PUEDO USAR LA HORNILLA?
CLARO
LO HE VISTO. ESA MUJER TENÍA ARROZ ESCONDIDO.
NO LA PERDONARÉ.
DEBE DE HABER UN ERROR.
TIENE ARROZ...
¿HAS VISTO? SU CASA SE QUEMÓ POR LA BOMBA, ¿POR QUÉ TIENE ARROZ?
LO HA ROBADO.
......
TENEMOS QUE ECHAR A LOS LADRONES. QUE SE VAYAN
......
KIMIE, ¿DE DÓNDE HAS SACADO ESE ARROZ?
LO CONSIGUIÓ GEN EN NINOSHIMA.
OJALÁ PUDIERA DÁRSELO TODO PARA QUE LO USARAN... PERO ES EL ÚNICO ALIMENTO QUE HAY PARA TOMOKO. COMPRÉNDALO.

ALGÚN DÍA LE DEVOLVERÉ EL FAVOR CUANDO PUEDA TRABAJAR.
LE RUEGO QUE COMPRENDA LA SITUACIÓN.
¡QUÉ LINDA MININA! HABLAS COMO SI NO SUPIERAS NADA, LADRONA.
¿LADRONA?
HAS COGIDO ARROZ DE ESTA CASA, ¿NO? CONFIESA.
NO, CLARO QUE NO HE HECHO ALGO ASÍ.
NO... NO HE COGIDO NADA.
CÁLLATE DE UNA VEZ. VOY A LLEVARTE A LA POLICÍA.
VENGA, A LA COMISARÍA
KIYO, YO NUNCA ME ATREVERÍA A HACER ALGO ASÍ.
CRÉEME, CRÉEME.
VAYA FIERECILLA MÁS INDOMABLE.
AH

UGH
¡VIEJA DE MIERDA!
¡MAMÁ!
¿POR QUÉ LO HA HECHO?
ESE ARROZ ES EL FRUTO DE MI ESFUERZO
Y SI NO ME CREES, VE A NINOSHIMA Y PRE-GUNTA.
¡CÓMO TE ATREVES A PEGARLE!
ELLA NO ES NINGUNA LADRONA
¡CÁLLATE! ¡SOIS LOS DOS UNOS MENTIROSOS! ¡LOS DOS!
¿QUÉ PRUEBAS TIENES?
ALGUIEN HA COGIDO ARROZ DEL DEPÓSITO. ESO ES SUFI-CIENTE.
¿QUIÉN LO VA A COGER SINO VOSOTROS?

QUÉ FRESCA ES LA TÍA...
NO HE HECHO NADA, ASÍ QUE NO ME IMPORTA QUE ME INTERROGUEN.
¡MAMÁ, NO HAS HECHO NADA! ¡NO VAYAS!
VENGA, A LA COMISARÍA
VENGA, VAMOS.
......
MAMÁ ...
GEN, PREPARA SOPA DE ARROZ PARA TOMOKO.
TOMOKO, QUÉ RABIA.
MIERDA, MIERDA.
LA ABUELA LOS ESTÁ MACHACANDO COMO PUEDE.
ESTO SE HA PUESTO INTERESANTE.
ME LAS PAGARÁS.
¡LADRÓN! ¡LADRÓN!

......
PARECE QUE NO HA ROTO UN PLATO, PERO ES DE LO PEOR.
......
BLA BLA
HE OÍDO QUE LA SEÑORA HAYASHI HA PESCADO A UNA LADRONA DE ARROZ
¿QUÉ PASA?
NO QUIE-RO.
VENGA, FIRMA ESTE PAPEL.
YO, KIMIE NAKAMURA, HE ROBADO ARROZ DE LA CASA DE LOS HAYASHI. NO VOLVERÉ A HACER ALGO ASÍ. RUEGO QUE ME PERDONEN. 10 DE AGOSTO. AÑO 20 DE LA ERA SHOWA FIRMA
¿POR QUÉ TENGO QUE RECONOCER ALGO QUE NO HE HECHO FIRMANDO ESTE PAPEL?
¡VAYA CARA! NO PRESENTARÁ CARGOS SI FIRMAS ESTO. FIRMA ANTES DE QUE CAMBIE DE OPI-NIÓN.

TENGO MUCHAS COSAS QUE HACER.
ESTÚPIDA, VAMOS A TERMINAR CON ESTO RÁPIDO
NO HE ROBADO ARROZ. ¿POR QUÉ ME TACHA YA DE LADRONA SIN PRUEBAS?
HMMM
MÉTALA EN LA CÁRCEL.
LOS ROBOS HAN AUMENTADO DESDE QUE LOS AFECTADOS POR LA BOMBA HUYERON HASTA AQUÍ.
NADIE RESI-DENTE EN EBA ROBARÍA NADA.
NO HE HECHO NADA PARA QUE ME ENCIERREN.
SI AÚN TE RESISTES, NO TENDRÉ MÁS REMEDIO.
NO HE ROBADO NADA
オギャ
オギャ
オギャ
TIENES UN HIJO Y UN BEBÉ, ¿NO? SEGURO QUE TE ESPERAN CON LÁGRIMAS EN LOS OJOS.
SI VAS A LA CÁRCEL, NO SALDRÁS POR MUCHO TIEMPO.

NO PUEDO ABANDONAR A GEN Y A TOMOKO...
NO... ESTO NO PUEDE SER... PERO LO HARÉ...
VENGA Y FIRMA DE UNA VEZ.
UFFFF
SNIFF
POR FIN RECONOCES EL CRIMEN.
NAKAOKA
ボタッ
KIMIE
BRRR
BRRR
ME GUSTARÍA MANDARLA A PRISIÓN, PERO ES LA AMIGA DE MI NUERA.
¿ES SUFICIENTE CON ESTO?
KIMIE NAKAOKA
OKA

......
YA PUEDES IRTE. Y NO VUELVAS A ROBAR MÁS
CON ESTO, SEGURO QUE SE IRÁN...
ヨロ ヨロ
¡LADRONA! ¡LADRONA!
RATA DE CLOACA!
トボ トボ
ARF, ARF
......
AHÍ.

TARDABAS MUCHO, ASÍ QUE SALÍ EN TU BUSCA.
¿QUÉ HACES AQUÍ?
MAMÁ
¿POR QUÉ LLORAS? ¿QUÉ HA OCURRI-DO?
......
LA POLICÍA PUSO EN CLARO TU INOCENCIA, ¿NO?
ESTÁS RARA.
NADA, NADA.
CUÉNTAME QUÉ PASÓ.
JAMÁS PASÉ POR ALGO TAN FUNESTO, HORRIBLE E INJUS-TO. JAMÁS.
GEN... LA BOMBA...
MORIR ES UN INFIERNO... LA VIDA ES UN INFIERNO... ¡TODO POR ESA BOMBA!

……
¡TONTA! ¡TONTA!
¡MAMÁ, ERES TONTA!
¡NO HEMOS COGIDO EL ARROZ! ¿POR QUÉ FIRMASTE?
NO TENÍA ALTERNATIVA. NO PODÍA DEJAROS SOLOS...
VAMOS A VOLVER AHORA. ¡AHORA!
VOY A DEMOSTRAR TU INOCENCIA.
ENCONTRARÉ AL CULPABLE.
GEN, SERÁ MEJOR QUE NO VOLVAMOS A ESA CASA. VAMOS A OTRO SITIO.
NO QUIERO. NO VOY A IRME DEJANDO QUE TODOS CREAN QUE ERES UNA LADRONA.
TONTA, TONTA, TONTA. NO PODEMOS QUEDARNOS CALLADOS.
NO... YA NO QUIERO VOLVER ALLÍ. NO PUEDO MÁS.

MI MADRE NO ES UNA LADRONA.
NO ERES UNA LADRONA.
¡MAMÁ, ÁNIMO! ¡SE FUERTE! ¡VOLVAMOS!
SNIFF
¡A CASA, A CASA!
EAEAEA. UJÚ, UJÚ.
NO APRENDEN. YA ESTÁN AQUÍ OTRA VEZ.
ESTOY HARTA DE ESTA MUJER.
KIYO, TIENES QUE SER TÚ QUIEN LA ECHE.
NO PUEDO, ES MI AMIGA.
FUN. SI TÚ NO LO HACES, YO LO HARÉ.

Tú. No queremos ladrones aquí, así que vete.
......
Irme así sería demasiado injusto.
Cuando se demuestre que no he hecho nada, me iré.
¿Todavía insistes?
Eres de lo peor.
Entonces, llamaré a la policía para que se te lleve.
......
No hay nadie.
Bien, tú vigila.
Si empiezas a comer, ya no paras.
Ya está, vamos.
Sí.

LADRÓN
HE PILLADO A LOS LADRONES. ¡VENID TODOS!
SABÍA QUE ERAIS VOSOTROS.
NO PUEDO MOVERME.
¡AH!
¡OH!
¡VIEJA BRUJA! ELLOS SON LOS RESPONSABLES DE TODO.
ESTA PRUEBA ES SUFICIENTE PARA DEMOSTRAR NUESTRA INOCENCIA.
AYAY AY...

VIEJA, AHORA PIDE PERDÓN POR HABER TACHADO A MI MADRE DE LADRONA.
MAMÁ... LO SIENTO...
¡TATSUO! ¡TAKEKO!
NUNCA HABRÍA PASADO ESTO SI NO HUBIERAIS VENIDO. VOSOTROS SOIS LOS QUE TENÉIS QUE DISCULPAROS.
DISCÚLPATE Y VE A LA POLICÍA PARA RECTIFICAR TU ERROR
¡GEN, DÉJALA!
ギギギ
¡NO DEBERÍAS HABERTE METIDO CON MI MADRE!
¡SUÉLTAME!
¡VIEJA BRUJA! ¡PIDE PERDÓN!
......
NO HAY QUE ODIAR A NADIE.
ELLA TIENE RAZÓN, SIN NUESTRA PRESENCIA, NADA DE ESTO HABRÍA OCURRIDO.
ES SUFICIENTE CON QUE VEAN QUE NOSOTROS NO HICIMOS NADA.
...
MAMÁ, SUÉLTAME.

SNIFF
GEN, POR FIN HAS PROBADO MI INOCENCIA Y PODEMOS IRNOS DE ESTA CASA EN PAZ.
KIYO, ME VOY. PERDONA TODAS LAS MOLESTIAS.
KIMIE... LO SIENTO...
QUE LLUEVA, QUE LLUEVA
LA VIRGEN DE LA CUEVA
LOS PAJARITOS CANTAN
LAS NUBES SE LEVANTAN
QUE SÍ, QUE NO
QUE CAIGA UN CHAPARRÓN
......
GEN...
¿QUÉ?
ガシッ

UUU UUH
BUAAAAAA. MAMÁ, NO LLORES.
NO LLORES, MAMÁ... QUE A MÍ TAMBIÉN SE ME SALTAN LAS LÁGRIMAS.
ME ALEGRO MUCHO POR LO QUE HAS HECHO. ERES UN HIJO MARAVILLOSO...
BUAAAA BUAAAAA
SNIFF SNIFF
ÉSTA ERA LA HIROSHIMA POST-ATÓMICA... EN ELLA LA MUERTE ERA UN INFIERNO, LA VIDA ERA UN INFIERNO... MUCHOS DE LOS SUPERVIVIENTES, YA DESPERDIGADOS POR EL PAÍS, NO DEJABAN DE DERRAMAR LÁGRIMAS DESGARRADOS POR LA TRISTEZA.

*HABITACIONES DISPONIBLES.

ザ ザ
¡QUÉ ASCO DE GENTE! ¡SIN CUARTOS Y PIDIENDO ALOJAMIENTO!
GEN, AQUÍ TAMPOCO NOS QUIEREN...
COMO VOY A ALQUILARLE UNA HABITACIÓN A ALGUIEN SIN DINERO.
SE LO RUEGO.
HABITACIONES DISPONIBLES
VAYA LECHE ...
VENGA, IROS, IROS. DEJAD DE MOLESTAR.
LE METERÉ FUEGO A TU CASA Y MORIRÁS CON ELLA.
¿CÓMO?
SI SIGUES SUBIDO EN TU PEDESTAL Y NO NOS DEJAS QUEDARNOS, TENDRÁS UNA MUERTE TRÁGICA.
¿QUÉ PASA?
OYE.

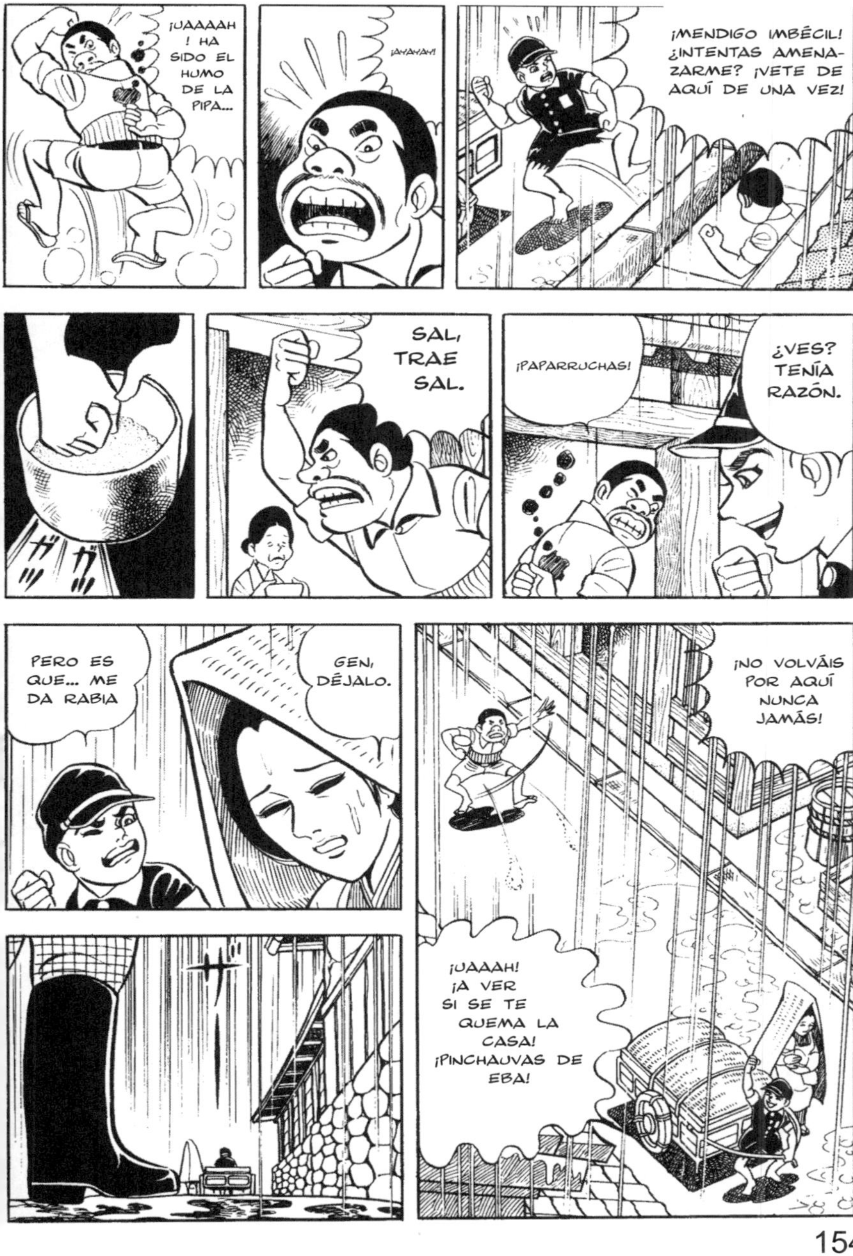
¡UAAAAH! HA SIDO EL HUMO DE LA PIPA...
¡AYAYAY!
¡MENDIGO IMBÉCIL! ¿INTENTAS AMENAZARME? ¡VETE DE AQUÍ DE UNA VEZ!
SAL, TRAE SAL.
¡PAPARRUCHAS!
¿VES? TENÍA RAZÓN.
PERO ES QUE... ME DA RABIA
GEN, DÉJALO.
¡NO VOLVÁIS POR AQUÍ NUNCA JAMÁS!
¡UAAAH! ¡A VER SI SE TE QUEMA LA CASA! ¡PINCHAUVAS DE EBA!

ACABO DE ALQUILAR LA ÚLTIMA HABITACIÓN, BUSCAD EN OTRO SITIO.
AUNQUE SEA EN EL TRASTERO, DÉJENOS PASAR LA NOCHE AQUÍ.
HABITACIONES DISPONIBLES
GRACIAS...
SI BUSCÁIS COBIJO, ID A LA ESCUELA. ALLÍ SE ALOJAN LOS DAMNIFICADOS POR LA BOMBA.
POR FAVOR...
¿QUIÉN VENDRÍA A RECOGER EL CADÁVER? ¿QUIÉN PAGARÍA EL FUNERAL?
¿Y SI SE MUEREN MIENTRAS ESTÁN AQUÍ?
TONTA, SI HICIERA ESO, SEGURO QUE SALDRÍAMOS PERJUDICADOS EN MUCHOS SENTIDOS
¿POR QUÉ NO LES DEJAS QUEDARSE? NO TENEMOS NINGUNA HABITACIÓN OCUPADA.
......
QUIZÁS...
ES MEJOR QUE NO ALQUILEMOS HABITACIONES A NADIE QUE ESTUVIERA EN HIROSHIMA DURANTE LA BOMBA.

COMO TE VUELVAS A METER CON KIYO, VERÁS LO QUE ES BUENO.
KIYO, ANÍMATE.
GRACIAS, KIME.
KIYO, ¿QUIERES UN POCO?
MI FAMILIA ES MUY POBRE, Y NUNCA PUEDO COMER UNOS DULCES TAN RICOS...
KIMIE...
ESCUELA ESTATAL DE EBA
YAAAAWN, YAAAAWN
BLA, BLA

......
GEN, AQUÍ NO HAY SITIO PARA NOSOTROS.
¡JEJE!
BLA, BLA.
......
LA GENTE DE EBA NO TENE SENTIMIENTOS. YA PODRÍAN AYUDARNOS.
QUIERO DINERO... CON SÓLO UN PAR DE YENES...
TENEMOS QUE ENCONTRAR UN SITIO DONDE DESCANSAR.
EN CUANTO ESTÁN CON UN DÉBIL, LO MACHACAN SIN PIEDAD.
PERO YA HE APRENDIDO LA CRUELDAD DE LOS JAPONESES.
EN TODAS PARTES ES IGUAL. SIEMPRE PIENSAN EN ELLOS MISMOS.
¡AH!

HASTA LOS PERROS NOS VAN A FASTIDIAR.
¡DÉJALA! ¡PERRO PULGOSO!
¡GEN!
¡ESTÚPIDO!
¡IMBÉCIL!
TE VOY A MATAR, Y DESPUÉS TE COMERÉ.
¡HUYE Y NO VUELVAS!
¡KAPULLO!

......
NO TE QUEDES AHÍ, LEVÁNTATE.
MAMÁ, ¿ESTÁS BIEN?
SNIFF
ENCONTRAREMOS UNA CASA, PERO HAY QUE TENER GANAS. ¡VAMOS!
NO DIGAS TONTERÍAS. ¡ANÍMATE!
GEN, QUIERO MORIRME... MORIRME...
SNIFF
YO TAMBIÉN TE QUIERO, ASÍ QUE SI TENEMOS UN PROBLEMA, NOS AYUDAREMOS.
KIMIE, SIEMPRE ME PROTEGISTE. TE QUIERO MUCHO.
......
KIYO.
KIMIE, PERDÓNAME. SIENTO HABEROS ECHADO...

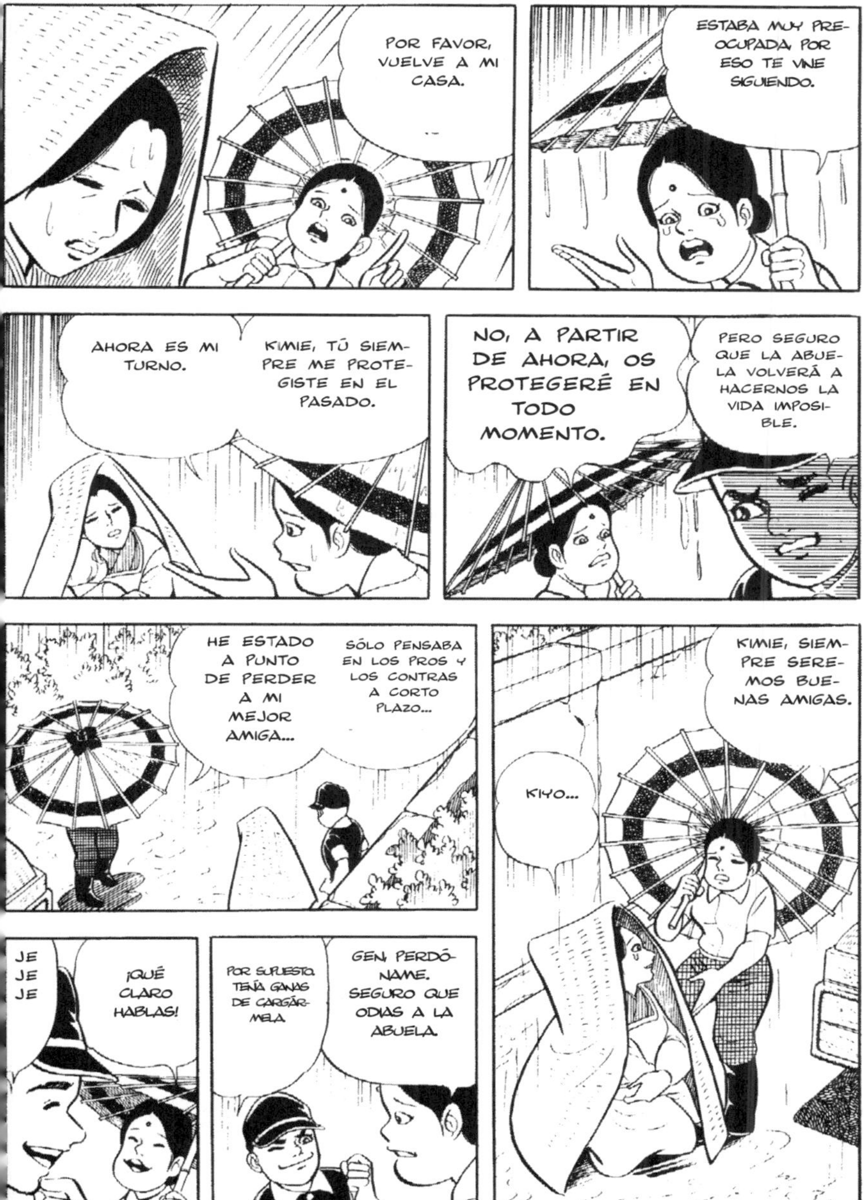
ESTABA MUY PREOCUPADA, POR ESO TE VINE SIGUIENDO.
POR FAVOR, VUELVE A MI CASA.
KIMIE, TÚ SIEMPRE ME PROTEGISTE EN EL PASADO.
AHORA ES MI TURNO.
PERO SEGURO QUE LA ABUELA VOLVERÁ A HACERNOS LA VIDA IMPOSIBLE.
NO, A PARTIR DE AHORA, OS PROTEGERÉ EN TODO MOMENTO.
KIMIE, SIEMPRE SEREMOS BUENAS AMIGAS.
KIYO...
SÓLO PENSABA EN LOS PROS Y LOS CONTRAS A CORTO PLAZO...
HE ESTADO A PUNTO DE PERDER A MI MEJOR AMIGA...
GEN, PERDÓNAME. SEGURO QUE ODIAS A LA ABUELA.
POR SUPUESTO. TEÑA GANAS DE CARGÁRMELA.
¡QUÉ CLARO HABLAS!
JE JE JE

¡ALE HOP, HOP, HOP!
GEN Y SU MADRE HAN VUELTO.
CON TODO LO QUE NOS COSTÓ ECHARLOS... PERO KIYO SE EMPEÑA...
BUENO, PERO ESTA VEZ VIVIRÁN EN EL TRASTERO.
PAGARÁN UN ALQUILER Y NO LES DAREMOS COMIDA.
¿DE VERDAD QUE NO LES DARÉIS NADA?
NADA DE NADA.
¡BIEEEN! ¡NO TENDREMOS QUE COMER MENOS!
¡HURRA!
COMO VUELVAN A SER UN INCORDIO, LOS ECHARÉ A PALOS.

MAMÁ, BUSCARÉ TRABAJO LO ANTES POSIBLE Y TRAERÉ DINERO A CASA.
GEN, AHORA PODRÁS HACER LO QUE QUIERAS. PAGAREMOS UN ALQUILER.
AHORA YA ESTÁ LIMPIO.
DESDE HOY, ÉSTA ES NUESTRA CASA.
ES SUFICIENTE, ASÍ TODO SERÁ MÁS JUSTO.
KIMIE, SIENTO PODER OFRE-CERTE SÓLO ESTE TRAS-TERO.
GRACIAS, KIYO...
QUE NO SE ENTERE LA ABUELA...
PERO TANTAS...
UN REGALO POR LA MUDANZA
¡HARÉ TODO LO QUE PUEDA!
KIMIE, ÁNIMO. LOS MALOS MOMEN-TOS TERMINARÁN ALGÚN DÍA.

LA MUJER CONSUELA AL MARIDO EL MARIDO AMA A SU MUJER.
DAA, DAA
LOS ÁRBOLES PUEBLAN EL BOSQUE
ESTAMOS A MEDIADOS DE JUNIO. AUNQUE ES VERANO EN EL EXTREMO DEL CAMPO PUN, PURŪN, PUN, PUN.
GU, GU, GU
TOMOKO, BUEN BAÑO, ¿EH?
¡QUÉ BIEN, GEN!
MAMÁ, QUÉ GANAS TENÍA DE BAÑARME... TOMOKO TAMBIÉN ESTÁ MUY CONTENTA.
¡UAH!
ジャー!

......
JAJAJA. GEN, NO TE PREOCUPES, LA ORINA DE UN BEBÉ NO ES TAN SUCIA.
JA JA JA JA
JA JA JA JA
LE SIENTA TAN BIEN QUE SE HA HECHO PIS.
VALE. SEGURO QUE ESTOY MUY SUCIA.
MAMÁ, MÉTETE TÚ AHORA. YO TE FROTARÉ LA ESPALDA.
MAMÁ SE HA REÍDO... SE HA REÍDO... HACÍAN DÍAS QUE NO VEÍA ESA CARA... POR FIN...
HA ADELGAZADO MUCHÍSIMO. ESTÁ EN LOS HUESOS.
MAMÁ, NO TE PONGAS MALA. QUIERO QUE SIEMPRE ESTÉS SANA. ALGÚN DÍA, ALGÚN DÍA CONSEGUIRÉ QUE VIVAS TRANQUILA.
¡ALE, ALE!
GEN, SI APRIETAS TANTO ME VA A DOLER.

LA CALMA LOS ENVOLVÍA A TODOS...
ZZZZ, ZZZZ
GEN DESEABA DE CORAZÓN QUE LA SITUACIÓN SIGUIERA ASÍ DURANTE MUCHO TIEMPO... EL SILENCIO ACOMPAÑABA A LA PUESTA DE SOL DEL DÍA 11 DE AGOSTO DEL AÑO 20 DE LA ERA SHOWA (1945)...
TOMOKO, AQUÍ TIENES EL DES-AYUNO.
オギャ
オギャ
オギャー
オギャー
OJALÁ PUDIERAS BEBER ALGO MEJOR. ESPERA UN POCO MÁS. PRONTO TE PODRÉ COMPRAR LECHE.
VENGA, BEBE, BEBE.
チュー
チュー

ヨロ
ヨロ
ガラッ
ARF, ARF
MAMÁ... ¿QUÉ PASA?
ARF, ARF. ME SIENTO EXHAUSTA.
¿NO ENCONTRASTE TRABAJO?
......
SE LO RUEGO, HARÉ LO QUE SEA
¡PERO QUÉ DICES! SI YO TAMBIÉN ESTOY BUSCANDO TRABAJO.
POR FAVOR.
TIENES UN TRASERO MUY APETECIBLE. ¿QUÉ TE PARECE SI TE PAGO SI ME DEJAS ABRAZARTE?
......
......

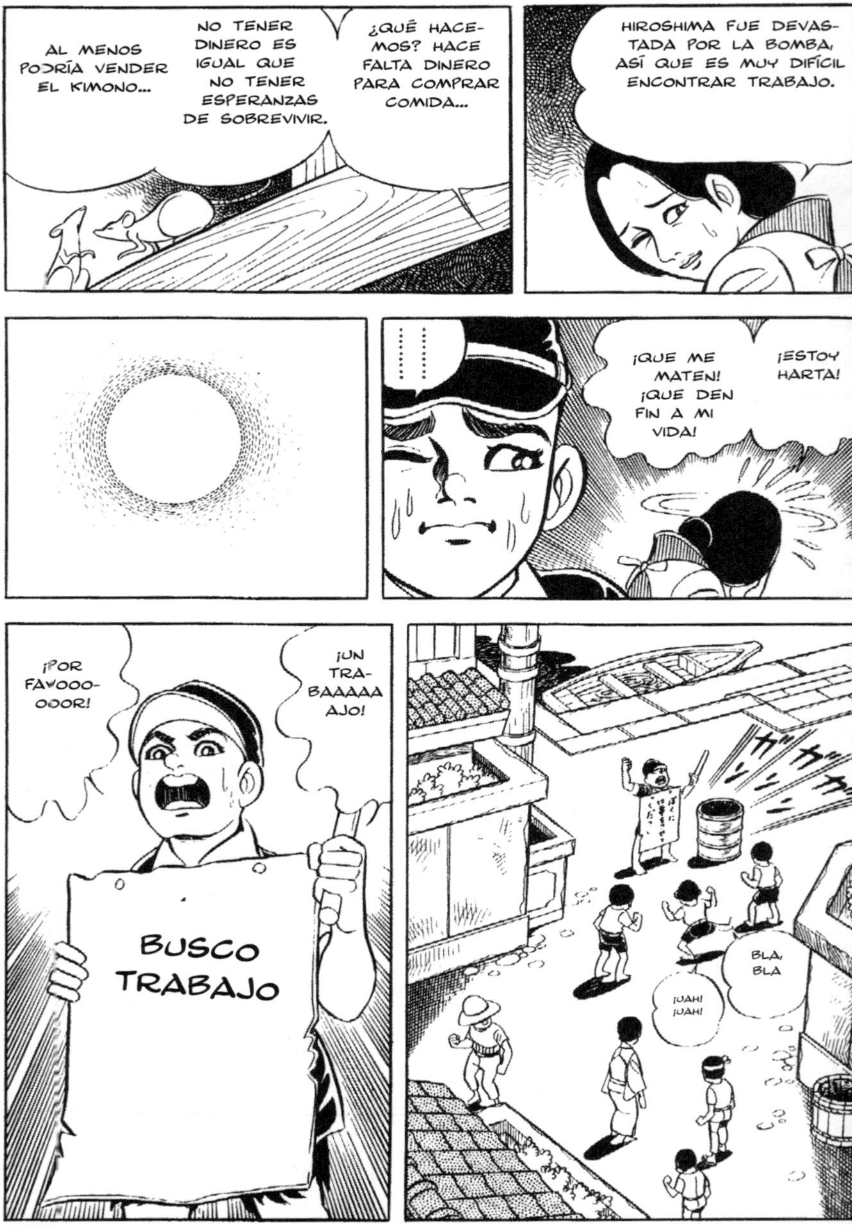
HIROSHIMA FUE DEVASTADA POR LA BOMBA, ASÍ QUE ES MUY DIFÍCIL ENCONTRAR TRABAJO.
¿QUÉ HACEMOS? HACE FALTA DINERO PARA COMPRAR COMIDA...
NO TENER DINERO ES IGUAL QUE NO TENER ESPERANZAS DE SOBREVIVIR.
AL MENOS PODRÍA VENDER EL KIMONO...
¡ESTOY HARTA!
¡QUE ME MATEN! ¡QUE DEN FIN A MI VIDA!
......
BLA, BLA
¡UAH! ¡UAH!
¡UN TRABAAAAAAJO!
¡POR FAVOOOOOOOR!
BUSCO TRABAJO

COMO OS COJA OS PONGO DE VUELTA Y MEDIA.
BUSCO TRABAJO
¡EL MENDIGO SE HA ENFADADO!
¡TONTOS! ¡NO SOY UN MENDIGO! ¡ESTOY BUSCANDO TRABAJO PARA GANAR DINERO!
¡POBRETÓN!
MIRA QUE MENDIGO MÁS RARO.
¡UN TRABAAAAAAJO! ¡POR FAVOOOOOR!
BUSCO TRABAJO
NECESITO DINERO.
TENGO QUE GANAR DINERO PARA DÁRSELO A MAMÁ.
SÍ...
CHAVAL, ¿HARÍAS LO QUE SEA?
......
......
SÍGUEME SIN RECHISTAR.
¿QUÉ TRABAJO ES?
¿EN SERIO?
BUSCO TRABAJO
BIEN, ENTONCES SÍGUEME.

ミーン
ミーン
ジー
ジー
¡QUÉ CASA MÁS GRANDE! ¿QUÉ QUERRÁ QUE HAGA?
YA ESTÁS AQUÍ.
BUENAS.
¿Y ESTE CHICO?
ESTOY PENSANDO EN QUE ÉL LE CUIDE.
¿PODRÁ HACERLO?
DICE QUE HARÍA LO QUE SEA.
CHAVAL, SI RESISTES, TE PAGARÉ 3 YENES AL DÍA.
UAH, 3 YENES...
ESOS 3 YENES EQUIVALÍAN A 10.000 YENES DE LOS DE AHORA.

SÍGUE-ME.
¿Y CUÁL ES EL TRABAJO?
¡QUÉ BIEN! ¡3 YENES AL DÍA!
QUÉ PESTE... ¿A QUÉ HUELE? ...... TENGO NÁUSEAS...
Y ESAS NIÑAS... ESTO ME DA MALA ESPINA.
JUJU JU
DIOS MÍO...
¡UAH!
AQUÍ ES DONDE TRABAJA-RÁS.

DIOS.
EL CHICO YA ESTARÁ PASMADO Y HABRÁ SALIDO CORRIENDO.
ESTO SE VA A PONER INTERESANTE.
......
......
BUAAGH
¡UAAAJ!

SÓLO SON NÁUSEAS POR EL OLOR.
CHAVAL, ¿ESTÁS BIEN?
ÉSTE TAMBIÉN HA DEVUELTO.
UAGH UAGH UAGH
AND A, ES VERDAD.
¡TONTAS! ¿QUÉ HAREMOS SI ÉL NO QUIERE CUIDARLE?
¿QUÉ HACÉIS AHÍ?
VALE..
VENID CONMIGO. YA OS HE DICHO QUE NO DEBÉIS ACERCAROS A ESA HABITACIÓN.
SÓLO QUERÍAMOS VER LA CARA DE SORPRESA DEL CHICO.
A VER SI SE MUERE PRONTO.
PERO ES UN PROBLEMA... VA A APESTAR TODA LA CASA.

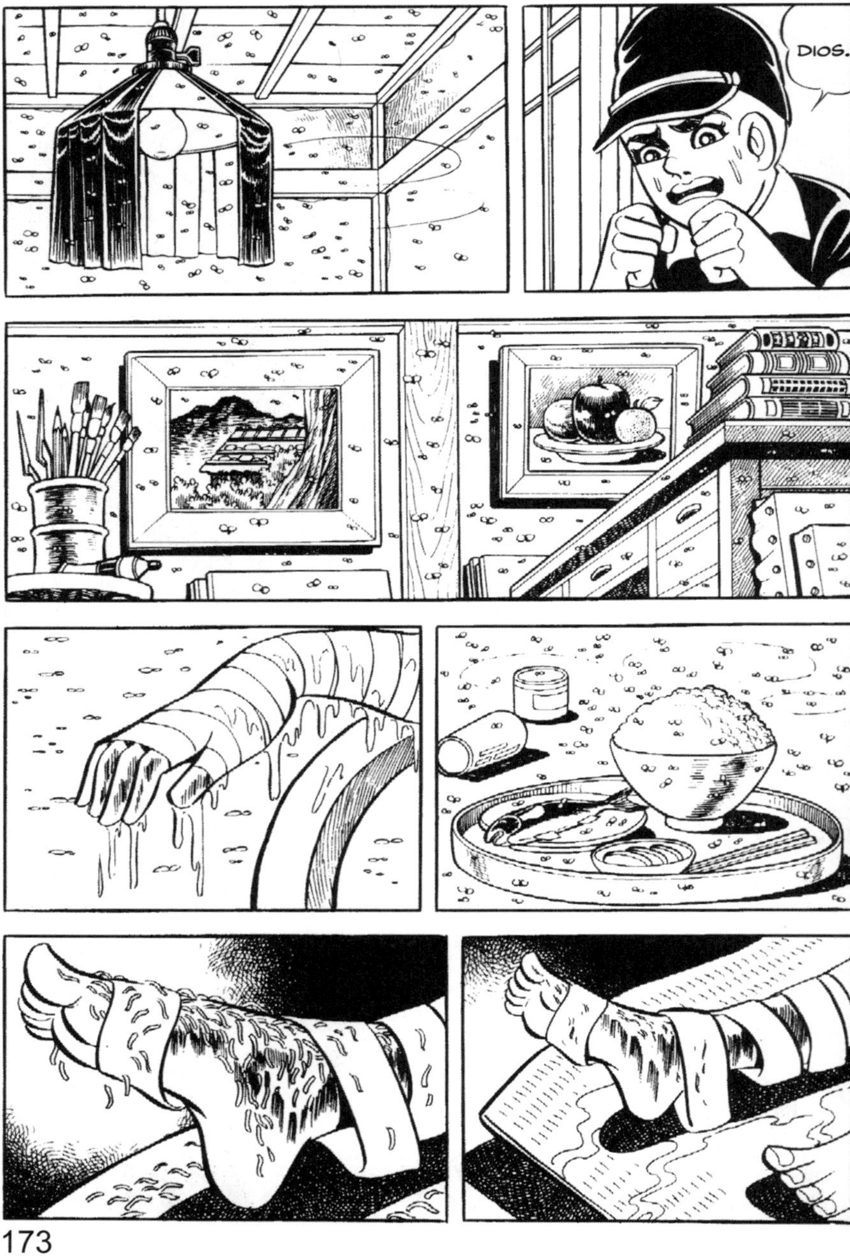
DIOS.

......
......
SEIJI, ESTE CHICO TE CUIDARÁ A PARTIR DE HOY. PÍDELE LO QUE QUIERAS...
CHAVAL, SI LE CAMBIAS LAS VENDAS A MI HERMANO Y LE CURAS, TE DARÉ TRES YENES. ¿DE ACUERDO?
SÍ...
EIZO, NECESITO HABLAR CONTIGO.
NO PUEDO, ESTOY OCUPADO.

AHORA MISMO.
A TRABAJAR
......
EIZO, NO TE VAYAS.
SE ESTÁN MOVIENDO LOS GUSANOS DE LAS HERIDAS. ¡QUÍTAMELOS!
UUUH, ME PICAAAA, ME PICAAA...
¿POR QUÉ HAN DEJADO QUE LLEGUE A ESTE ESTADO?
¡ES HORRIBLE! TIENE GUSANOS... PUS... Y CHORREA PIS Y HECES...
UUUUH
HAY UN MONTÓN. ¿A TI TAMBIÉN TE PILLÓ LA BOMBA EN HIROSHIMA?
¡AHORA MISMO!
¡RÁPIDO! ¡RÁPIDO! ¡USA LAS PINZAS!
UNO, OTRO, OTRO.
UUUUUUH

AHORA LA MANO, DEPRI-SAAAA.
¡YA VOY!
チクッ
¡AYAY!
PERDONA.
¡IMBÉCIL!
¿QUÉ HACES?
¡SILENCIO! ¡NO PROTES-TES, CALVO-ROTA!
DA GRACIAS DE QUE TE PAGUEN TRES YENES AL DÍA POR CUIDARME.
……

モゾ
モゾ
¡INCREÍBLE! EL CHICO ÉSE NO HA SALIDO CORRIEN-DO...
DEBE DE SER TONTO. NO SÉ COMO PUEDE RESISTIR TANTO. DA ASCO...
¡AGUANTA! LAS VENDAS ESTÁN PEGADAS POR EL PUS, QUE SE HA SOLIDIFICADO.
¡AYA YAY!
¡IMBÉCIL!
¡TE PAGAN TRES YENES, ASÍ QUE TEN MÁS CUIDA-DO!
NO ME IMPORTA QUE ME PEGUE. LECHES...
UG H

GÜE EEE ¡GÜE EEE
NO TENER DINERO ES IGUAL QUE NO TENER ESPERANZAS DE SOBREVIVIR
¡ESTOY HARTO! ¡ESTÁ HECHO UN ENGREÍDO! ¿LE ZURRO?
GEN, NECESITAMOS DINERO.
VOLVERÉ PRONTO, ESPERA UN POCO MÁS.
¡ME AGUANTARÉ PARA LLEVARLE EL DINERO A MAMÁ!
¡TENGO QUE AYUDAR A MAMÁ!
CALVOROTA, CÁMBIAME LAS VENDAS DE UNA VEZ.

POR FIN TERMINÉ.
CALVOROTA, DEJA DE VAGUEAR Y LIMPIA LA HABITACIÓN.
DE ACUERDO.
A LIMPIAR
CALVOROTA, QUE QUEDE LIMPIO.
¿HAS OÍDO?
NO PARA DE LLAMARME CALVOROTA, ESTOY HARTO.
NO SOY CALVOROTA, ME LLAMO GEN NAKAOKA.
FUN.
JIA, JIA.
SERÁ ESTÚPIDO.

¡YA VOY!
AHORA LA MANO, DEPRI-SAAA.
¡VIVÍS EN UNA CASA ENCAN-TADA!
¡VUES-TRO TÍO ES UN HORREN-DO!
¡LAS NIÑAS DEL MONS-TRUO OO!
¡AY!
¡AY!
¡JA JA JA!
¡LAS NIÑAS ESTÁN LLO-RANDO!
BU AA AA.
OTRA VEZ.
¡MONS-TRUO! ¡PESTE!
NO SALGÁIS, QUE APES-TÁIS A MONSTRUO.

¡U UU UU UH!
BUA AA AA A
AKIKO, FUYUKO, ¿QUÉ HA PASADO?
BUA AA AA, BUA AA AA A
¡MONS-TRUO, MUÉRETE YA!
BUAA AAA, BUAA AA.
U FF ...
VAY A, VAY A.
CALVOROTA, TRÁEME AGUA.
YE TE HE DICHO QUE NO ME LLA-MES CALVO-ROTA.
CALLA Y TRÁE-MELA YA.
MIER-DA...

NUNCA VENGAS AQUÍ.
PERDONE, ME PUEDE DAR AGUA.
ES MUY DIFÍCIL TRATAR CON ESTE HOMBRE.
¿Y SI SEIJI TE CONTAGIA LO QUE PILLÓ POR LA BOMBA? NO VUELVAS A VENIR A ESTA PARTE DE LA CASA.
¿POR QUÉ?
QUÉ ASCO... VENGA, VUELVE A LA HABITACIÓN DE SEIJI.
SACA EL AGUA DEL POZO. LA COMIDA LA PONDRÉ EN EL PASILLO.
VALE...
HE ESTADO YA CON MUCHOS DE LOS AFECTADOS, PERO AÚN ESTOY SANO.
¿CÓMO ME VA A CONTAGIAR DEL VENENO DE LA BOMBA? ¡SERÁN TONTOS!
QUÉ TRISTE...
A PESAR DE LO QUE ESTA SUFRIENDO, LE TIENEN UN ODIO VISCERAL...

¿NO PUEDES MANDAR A SEIJI A ALGÚN HOSPITAL?
NO, TODOS ESTÁN LLENOS CON LAS VÍCTIMAS DE LA BOMBA.
ESTOY HARTA DE CUIDAR A UN MONSTRUO... SE RÍEN DE LAS NIÑAS... A MÍ ME DA VERGÜENZA...
HANA, ÉL ES MI ÚNICO HERMANO. TENEMOS QUE CUIDARLE.
OYE ...
¿QUÉ QUIERES?
ESCUCHA.
BIS, BIS, BIS.
¿QUÉ?
¿QUIERES QUE MATE A SEIJI POR 5 YENES PORQUE NO PARAN DE METERSE CON VOSOTRAS?
¡TONTO! ¡NO GRITES TANTO!

BUAAAAAH
¡ES TU TÍO! ¿CÓMO VAS A MATARLE?
¡TONTA! ¡PIENSA UN POCO!
......
AQUÍ TIENES, BEBE.
TODOS ESTÁN LOCOS EN ESTA CASA.
TE LA TRAIGO Y AHORA LA TIRAS.
SOY GEN NAKAOKA.
CALVOROTA, COGE ESE LIBRO.
¡ME ESTÁ BUSCANDO LAS COSQUILLAS!
YA NO LA QUERÍA.

LO HA TIRADO A PROPÓSITO.
RECÓGELO, CALVOROTA.
TOMA, AQUÍ LO TIENES.
MIERDA.
CALVO ROTA, A RECOGERLO.
CÓGELO BIEN, VENGA.
CALVOROTA, A RECOGERLO.
UG H
YA EST OY HAR TO
ESTÚPIDO, YA NO PUEDO MÁS.
MM MM M

¡ES-TÚPI DO!
YA TIE-NES EDAD PARA NO SER COMODÓN
ME VOY.
YA NO QUIERO CUIDARTE MÁS
GEN... POR FAVOR, NO TE VAYAS...
UUHUUUH
¡IMBÉCIL! ¡MEÓN! ¡CAGÓN!
ME HAS LLAMADO POR MI NOMBRE...

¿ALEGRE? ¿TÚ ESTÁS MAL. ¡CÓMO TE VAS A ALEGRAR CUANDO TE PEGAN!
ESTÁS LLORANDO... ¿TE HAN DOLIDO MIS GOLPES?
NO... ESTOY ALEGRE.
ERES EL ÚNICO QUE SE HA ENFADADO Y ME HA PLANTADO CARA.
¡GEN, ESTOY CONTENTO DE VERDAD!
NADIE, NADIE SE ACERCABA A MÍ AL VER MI CUERPO...
NADIE ME DIRIGÍA LA PALABRA... NI SIQUIERA SE ENFADABAN CONMIGO...
TE HE TRATADO TAN MAL PORQUE YA NO PODÍA AGUANTAR MÁS.
QUERÍA QUE ALGUIEN ME TRATARA COMO A UNA PERSONA.SIN ESOS OJOS QUE REVELAN LA PENA QUE SIENTEN...
ESTABA TRISTE... SOLO...
ESTABA LLENO DE RABIA..

ASÍ QUE ERA ESO...
UUUUUH
¡MONSTRUO! ¡ESTO ES UNA CASA ENCANTADA!
¡QUÉ PESTE! ¡ES UNA CASA DE ESTIÉRCOL!
¡BLEE, BLEE! ¡BLEE, BLEE!
¡IMBÉCILES!
¡IROS YA!
¡UY, VÁMONOS!

SERÁN TONTOS...
FUYUKO, A VER SI EL TÍO SE MUERE PRONTO. ASÍ DEJARÁN DE METERSE CON NOSOTRAS.
......
ESTA ES LA COMIDA, LLÉVASELA A SEIJI.
¡QUÉ DESCONSIDERADOS! AL MENOS PODRÍAN LLEVARLE LA COMIDA HASTA SU HABITACIÓN.
SEIJI ESTÁ VIVIENDO UN INFIERNO.
SUFRIR LA BOMBA ES UN INFIERNO.
A COMER, TOMA.
NO QUIERO NADA. NO QUIERO.
¡IMBÉCIL! SI NO COMES MORIRÁS, ASÍ QUE AUNQUE TE DUELA, TOMA ALGO.
......

¡GEN!
¡COME Y PONTE BUENO!
¡COME! ¡COME! ¡COME! ¡COME!
ガボッ
¡TONTO! NO LLORIQUEES, QUE NO TIE-NES EDAD PARA ESO.
¡ERES UN BUEN CHICO! ¡MUY BUEN CHICO!
CHAVAL, PERDONA POR ENCO-MENDARTE ESTE TRA-BAJO...
SEIJI, NO ME ODIES.
NO TENÍA OTRA ALTER NATI-VA.

ジーー ジーー ジーー
ミーン ミーン ミーン ミーン
TENGO UNA CESTITA. LLENA DE LIMONES. NARANJAS, MANDARI-NAS Y TRES MELOCO-TONES.
チャッ
チャッ
チャッ
AL CHIVIRIVIRÍ, UNO. AL CHIVIRIVIRÍ, DOS. AL CHIVIRIVIRÍ, TRES. ROSA, CAPULLO Y PAPEL.

¡SE TE HAN CAÍDO!
¡AY!
AL CHIVIRI-VIRÍ, CUATRO. AL CHIVIRIVIRÍ, CINCO.
......
¡AHORA TE TOCA A TI!
HE RECORDADO LOS TIEMPOS EN QUE JUGABA CON LAS NIÑAS...
¿POR QUÉ LLORAS?
VENGA, VAMOS.
TÍO SEIJI, VAMOS A DIBUJAR AL CAMPO.

TÍO SEIJI, DENTRO DE ALGUNOS AÑOS SERÁS PINTOR, ¿VERDAD?
¡CLARO! CUANDO TERMINE LA GUERRA IRÉ A PARÍS A ESTUDIAR.
POR EL GRAN MANITÚ A DONDE VAYAS TÚ TANTOS INDIOS VERÁS QUE YA NO CABEN MÁS.
¡Y LUEGO NOS ENSEÑARÁS A NOSOTRAS!
ESO SIN PROBLEMA, PERO VUESTROS DIBUJOS NO SON MÁS QUE MONIGOTES, AUNQUE OS ENSEÑE, NUNCA LO HARÉIS BIEN.
¿MONIGOTES?
¡AKIKO! ¡A POR ÉL!
¡NO HUYAS!
¡ESPERA!
¡VENID AQUÍ, PEQUEÑAS DIABLILLAS!

¡ENHORABUENA! YA SON ONCE LAS VECES QUE HAN ELEGIDO TU OBRA PARA SER EXPUESTA EN LA PREFECTURA.
ERES MI ÚNICO HERMANO, ASÍ QUE TE AYUDARÉ EN LO QUE HAGA FALTA PARA QUE SEAS ALGÚN DÍA UN PINTOR DE PRIMERA.
GRACIAS.
¡SEIJI, SUERTE!
¡GRACIAS!
CHIN CHIN.
SIEMPRE HABLAMOS DE TI EN LA ESCUELA. ¡ERES GENIAL!
TODOS NOS ENVIDIAN.
¿DE VERAS?
PERO VOSOTRAS TENÉIS QUE LLEGAR A DIBUJAR TAN BIEN COMO ÉL.
HE OÍDO QUE AHORA SOLO HACÉIS MONIGOTES.
¿POR QUÉ LE HAS DICHO ESO HASTA A MAMÁ?

ANTES DE LA BOMBA, MI VIDA ERA MARAVILLOSA...
......
AQUEL DÍA ESTABA DIRIGIÉNDOME A HIROSHIMA PARA PRESTAR SERVICIOS VOLUNTARIOS. ENTONCES, ESA LUZ...
ヨロ
ヨロ
ガラッ
¡AAAAH!
¡NO!
¡OOOH!
UUUUH

AAAH AAAH
PAPÁ, TENGO MIEDO.
¡MAMÁ!
DIOS MÍO.
¿QUIÉN ERES? ¡FUERA DE MI CASA!
SOY TU HERMANO SEIJI.
TÚ... ¿SEIJI?
¡CÓMO QUIERES QUE TE CREA!
¿YA TE HAS OLVIDADO DE TU HERMANO?
SNIFF, SNIFF. ¡QUÉ MIEDO!
......
UUUUUUH UUUUUUH UUUUUUH UUUUUUH

UAAG H, UAAA GH
UU UU H
BLA, BLA
¿SERÁ LA TUBERCULO-SIS? EL BARREÑO ESTÁ LLENO DE SANGRE...
NO LO SÉ.
¡QUÉ PESTE! EXPULSA HECES SANGRIEN-TAS.

ES MEJOR QUE LAS NIÑAS NO SE ACERQUEN A ÉL. ¿Y SI SE CONTAGIAN?
TIENES RAZÓN...
NO DEBÉIS IR A LA HABITACIÓN DEL TÍO SEIJI
VALE.
SERÁ MEJOR QUE TAMPOCO NOS ACERQUEMOS NOSOTROS. HAY GENTE QUE HA MUERTO SÓLO POR IR A HIROSHIMA DESPUÉS DE AQUELLA BOMBA.
CIERTO...
¿QUÉ PASARÍA SI EL VENENO SE TRASPASARA A NOSOTROS?
TENEMOS QUE BLOQUEAR ESTA PUERTA PARA QUE NADIE PUEDA ENTRAR NI SALIR.
......
......
EIZO... HERMANO... NIÑAAAS...
AGUA, POR FAVOR, AGUAAA. POR FAVOR, TRAEDME AGUAAA.

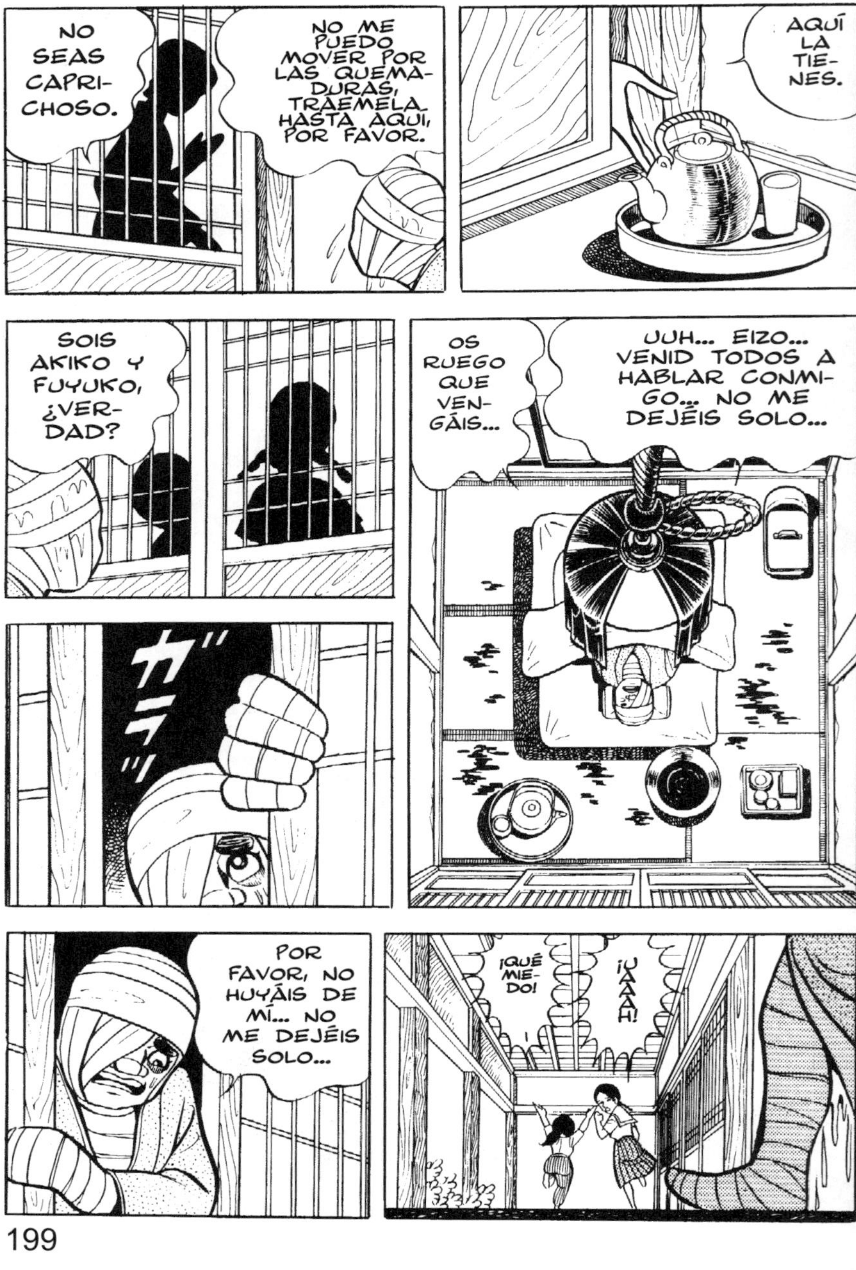
NO SEAS CAPRICHOSO.
NO ME PUEDO MOVER POR LAS QUEMADURAS, TRAEMELA HASTA AQUI, POR FAVOR.
AQUÍ LA TIENES.
SOIS AKIKO Y FUYUKO, ¿VERDAD?
OS RUEGO QUE VENGÁIS...
UUH... EIZO... VENID TODOS A HABLAR CONMIGO... NO ME DEJÉIS SOLO...
POR FAVOR, NO HUYÁIS DE MÍ... NO ME DEJÉIS SOLO...
¡QUÉ MIEDO!
¡UAAAH!

UUU UUH, POR FAVO OOO R.
CUANDO EMPEZARON A SALIR GUSANOS EN LAS QUEMADURAS, ME EMPEZARON A ODIAR AÚN MÁS...
¡QUITADME LOS GUSANOS!
¡ME PICA! ¡ME PICA!
¡HANA, HAZ ALGO!
¡NI HABLAR! ES TU HERMANO, ¿NO? ASÍ QUE VE TÚ.
ME DA ASCO, ES UNA PESTE.
LO ODIO. A VER SI SE MUERE YA.
¡ES TÚP IDA!
¡A H!
¿POR QUÉ ME PEGAS? A TI TAMBIÉN TE DA ASCO, ¿NO?
¡CALLA!
......

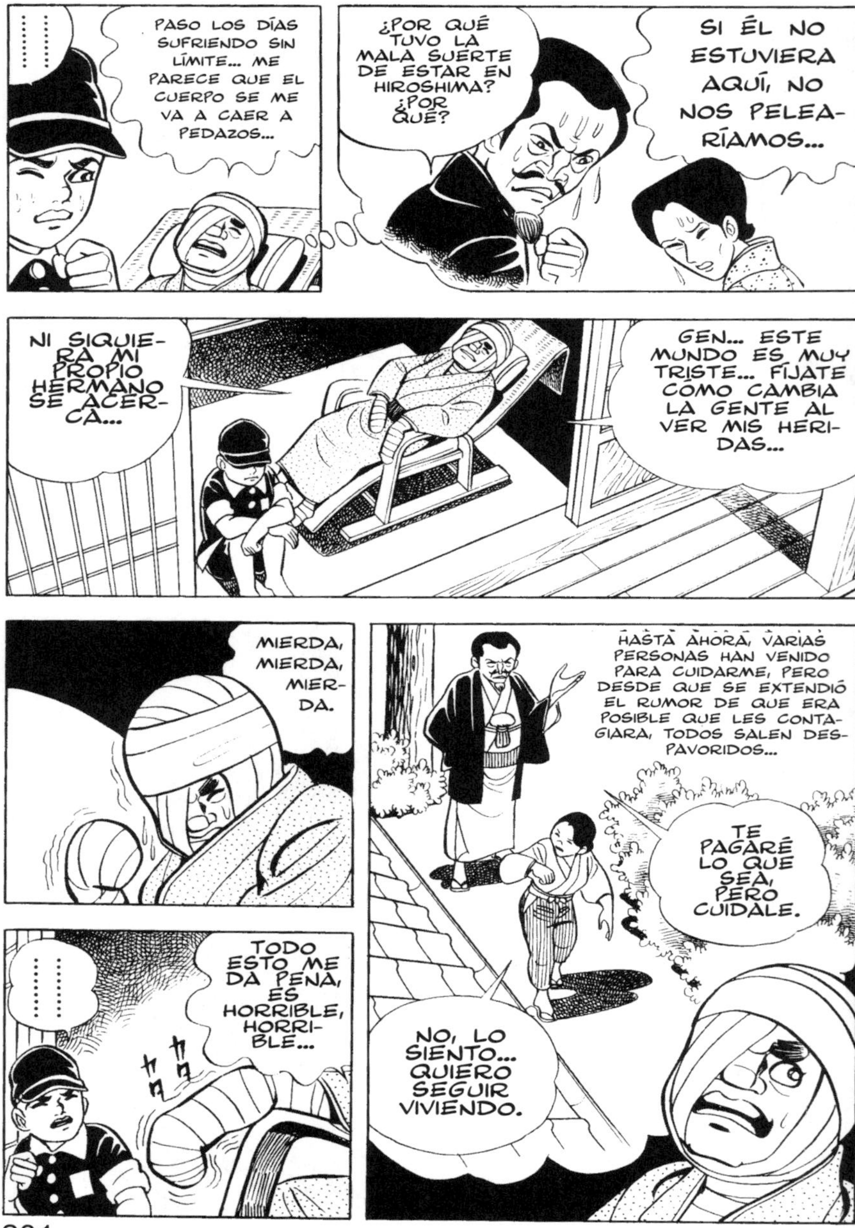

……
PASO LOS DÍAS SUFRIENDO SIN LÍMITE... ME PARECE QUE EL CUERPO SE ME VA A CAER A PEDAZOS...
¿POR QUÉ TUVO LA MALA SUERTE DE ESTAR EN HIROSHIMA? ¿POR QUÉ?
SI ÉL NO ESTUVIERA AQUÍ, NO NOS PELEARÍAMOS...
NI SIQUIERA MI PROPIO HERMANO SE ACERCA...
GEN... ESTE MUNDO ES MUY TRISTE... FÍJATE CÓMO CAMBIA LA GENTE AL VER MIS HERIDAS...
MIERDA, MIERDA, MIERDA.
HASTA AHORA, VARIAS PERSONAS HAN VENIDO PARA CUIDARME, PERO DESDE QUE SE EXTENDIÓ EL RUMOR DE QUE ERA POSIBLE QUE LES CONTAGIARA, TODOS SALEN DESPAVORIDOS...
TE PAGARÉ LO QUE SEA, PERO CUIDALE.
NO, LO SIENTO... QUIERO SEGUIR VIVIENDO.
……
TODO ESTO ME DA PENA, ES HORRIBLE, HORRIBLE...
カタ カタ

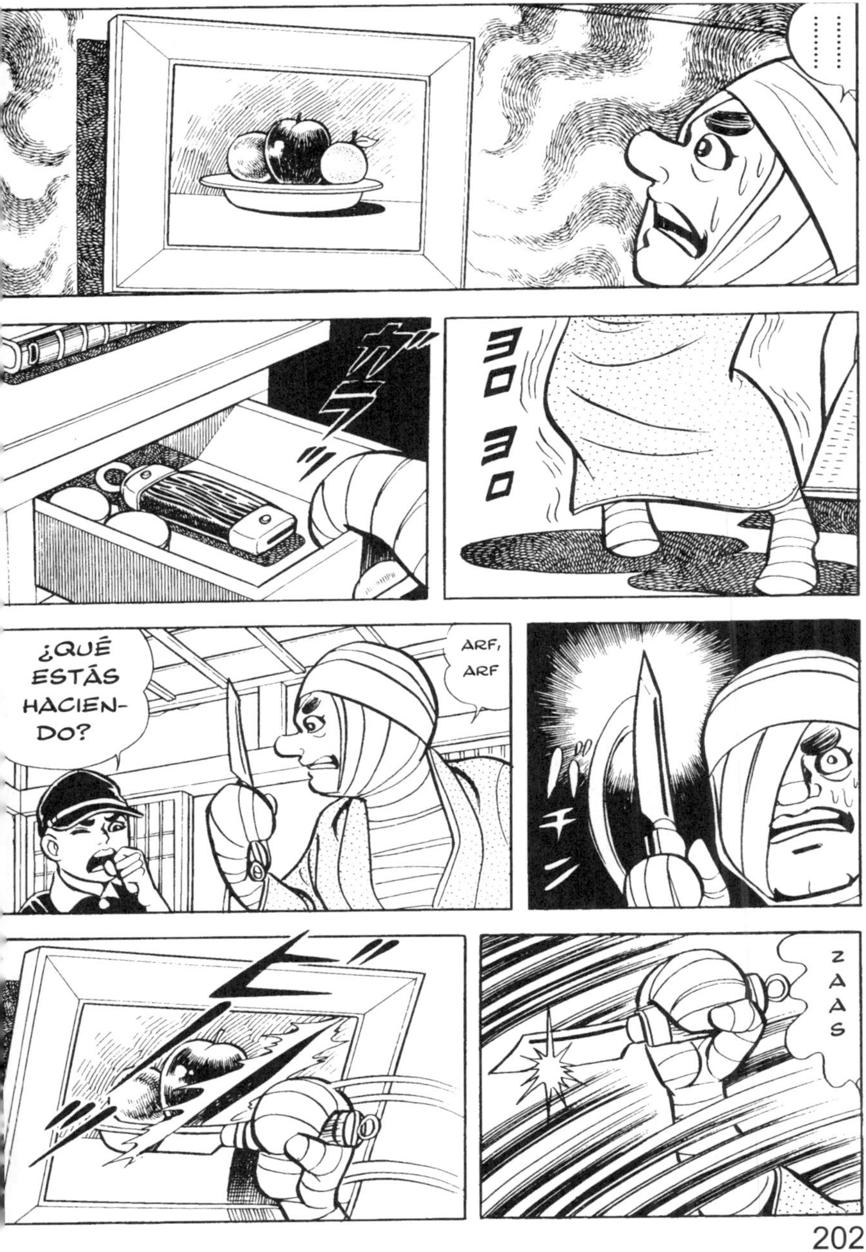
……
ヨロ ヨロ
ARF, ARF
¿QUÉ ESTÁS HACIEN-DO?
ZAAS

¡MIER-DA!
¡A-TO-MAR POR SA-CO!
¿QUÉ HACES? ¡PARA! ¡PARA!
ODIO ESA BOMBA QUE ME DEJÓ ASÍ.
ME ARRE-BATÓ MIS SUEÑOS. ¡ODIO LA BOMBA!
¡YA NO PUEDO PINTAR!
¡NI SIQUIERA PUEDO SOSTENER EL PINCEL CON LAS MANOS!

GEN, ATRAVIESA MI PECHO CON ESTE CUCHILLO
NO QUIERO SEGUIR VIVIENDO EN UN ESTADO TAN PENOSO. MÁTAME SIN VACILAR.
ES EL FINAL... SÓLO ME QUEDA ESPERAR LA MUERTE.
......
......
¡JAMÁS CAUSARÉ TU MUERTE! ¡ES MÁS, TE AYUDARÉ A VIVIR!
¡ESTÚPIDO!
¡IMBÉCIL!
SE ME TERMINARÍA MI MEDIO DE VIDA.
ADEMÁS, SI TE MUERES, YA NO ME PAGARÁN LOS TRES YENES DIARIOS.

GE... GEN ...
YO ESTARÉ JUNTO A TI, PERO ANÍMATE, SEIJI.
¡NO SEAS BLANDENGUE!
AUNQUE NO PUEDAS USAR LAS MANOS, LA BOCA TE SERVIRÍA PARA PINTAR UN CUADRO.
......
¡RÍETE PARA ANIMARTE!
¿CREES QUE VOY A CALLARME Y DEJARTE MORIR? ¡VIVE POR TU ORGULLO!
JI, JI, JI. JA, JA, JA. ¡DÉJAME! ¡GEN!
¿TIENES COSQUILLAS? POR AQUÍ, POR AHÍ.
SI NO TE RÍES, YA ME ENCARGARÉ YO DE QUE LO HAGAS.
コチョコチョ

JI, JI, JI. JA, JA, JA. JO, JO, JO. VALE, VALE, SERÉ MÁS OPTIMISTA, PERO DÉJALO YA.
¿QUÉ TAL AHOR A?
NO, HASTA QUE TE ANIMES.
JA, JA, JA. GEN. PARA...
¿QUÉ HACES?
GE... GEN. ...
¿VES? UNAS RISAS LO CURAN TODO.
ARF, ARF.
UUUUH... GRACIAS...
ME INFUN-DES GANAS DE VIVIR. ESTOY CONTEN-TO...
¡PUES CLARO QUE NO!
NO ME DEJES TÚ TAMBIÉN SOLO. POR FAVOR, NO SALGAS CORRIENDO...
HE VISTO A OTROS AFECTADOS MUCHO PEOR QUE TÚ. ¡TÚ ESTÁS GENIAL!

ミーン
ミーン
ミーン
CHAVAL, BUEN TRABAJO. TUS TRES YENES.
HASTA MAÑANA.
SIN PROBLEMA
¡HA GANADO TRES YENES!
SE LOS DARÉ A MAMÁ ENSEGUIDA PARA QUE SE PONGA CONTENTA.
LE PODREMOS COMPRAR TAMBIÉN LECHE A TOMOKO... ¡BIEN!
¡UAAAH! ¡MAMÁ, HE GANADO TRES YENES!
¡VIVAAAA! ¡HURRAAAA!

ESTOS SON LOS SUFRI-MIENTOS DE SEIJI...
AUNQUE NO DEBERÍA ESTAR TAN ALEGRE AL RECIBIR ESTE DINERO...
¡TRABAJA RÉ DURO POR SEIJI!¡
PAN PAN PATATAS BATATA
¿EH?
……
……

¿QUÉ QUE-RÉIS? DEJADME PASAR.
......
ジャ
HM MM
¿QUÉ QUE-RÉIS?

¿QUÉ QUE-RÉIS?
¿DE QUÉ HA-BLÁIS?
¿PIL TRA FAS ?
ERES AMIGO DE LAS PIL-TRAFAS, ¿NO?
¿QUÉ HACES?

Y A MÍ QUÉ ME CUENTAS.
HABÉIS ROBADO TRES GALLINAS DE MI CASA.
¡NO TE HAGAS EL TONTO! UN GRUPO DE DIEZ NIÑOS VAN POR LAS CASAS ROBANDO LO QUE PUEDEN, Y UNO ESTÁ POR AQUÍ.
?
EN MI CASA HABÉIS ROBADO ARROZ, MISO Y PATATAS.
¡ESTÚPIDOS! LO HE GANADO CUIDANDO AL TÍO SEIJI EN LA CASA DE LOS YOSHIDA.
¿Y ESE DINERO?
NO TENÉIS PRUEBAS.
CONFIESA LA VERDAD. ERES UNO DE ELLOS.

¡VENGA, VEN CON NOSOTROS!
¡HMM! ¡DEJA DE HACERTE EL TONTO! ¡A LA COMISARÍA!
¡DEJA DE DECIR CHORRADAS!
¡MENTIROSO! ¡LO HAS ROBADO DE MI CASA!
¡DEJADME! ¡NO SOY UN LADRÓN! ¡SOLTADME!
DICEN QUE LOS TRES YENES QUE ME DISTE SON ROBADOS.
¿QUÉ PASA, CHAVAL?
¡EEEH! ¡YOSHIDA!
CON ESTO SE DEJA CLARO QUE NO SOY UN LADRÓN, ¿NO? ¡ESTÚPIDOS!
OH... ¿DE VERDAD?
YO LE DI ESOS TRES YENES A GEN. ESTÁIS MUY EQUIVOCADOS.

VALE.
EN EBA SE MIRA CON MALOS OJOS A LOS FORASTE-ROS, ASÍ QUE TEN CUIDADO.
¡A PARTIR DE AHORA, AVERI-GUAD LA VER-DAD Y LUEGO ATACAD!
¡EH, UN PILTRA-FA!
¡QUÉ IMBÉCI-LES!
¡A HÍ!
......
ザザー
¡QUE NO ES-CA-PE!

¿DÓNDE SE HA METIDO?
¡ENANO, TE TENEMOS!
ACABA DE ROBAR UN GALLO, ASÍ QUE DEBER SER ÉL.
¡AHÍ!
......
......
¡DADLE!
¡TOMA!

¡LE COGÍ!
¡AH!
¡UUUUGH!
¡NO TENDRÍAS QUE HABER COGIDO ARROZ DE MI CASA!
¿POR QUÉ NOS ROBASTE? ¡IMBÉCIL!
UUGH, UGH.
RYUTA, TÚ ERAS EL LADRÓN.
¡A LA POLICÍA!

¿POR QUÉ ESTÁS ROBANDO?
NO LO HAGO POR-QUE QUIE-RO, ¿SABES?
TENÍAMOS LOS ESTÓMA-GOS COM-PLETA-MENTE VACÍOS.
¡GENERAL DE SUMINIS-TROS! HAZ ALGO... TENEMOS HAMBRE...
NO PODE-MOS SOBREVIVIR COMIENDO CIGARRAS Y RANAS...
QUIERO ARROZ...
YA NO PASAN LOS CAMIONES DE VÍVERES. ¿QUÉ PODEMOS HACER?
シク シク
SI NUESTROS PADRES VIVIE-RAN... SEGURO QUE NOS DARÍ-AN COMIDA...
うわーん うわーん うわーん
SNIFF. PAPÁ, MAMÁ, ¿POR QUÉ HABÉIS MUERTO?
¡SILENCIO! ¡NO LLORÉIS, ASÍ OS DARÁ MÁS HAMBRE!
UUUH, PERO ES QUE...
RYUTA, ¿POR QUÉ NO VAS A ROBAR PATATAS?
¿Y SI ME PILLAN Y ME DEJAN COMO A CHALOTE?
DIOS, ESO SERÍ A LO PEOR. ..

VAMOS A AYUDARLE.
¡CHALOTE!
¡LADRONZUELO!
RYUTA... QUIERO TOMAR UMEBOSHI... UMEBOSHIS AMARGOS...
¡CHALOTE!
¡ESPABILA!
ESPERA UN POCO. VOY A TRAER ALGUNOS.
¡AYA YAY!
¡DÉJALE!
¡IMBÉCIL!
CHALOTE MURIÓ PIDIENDO UMEBOSHIS...
¡FUERA! ¡NO PODEMOS DARTE NADA! ¡MÁRCHATE!
POR FAVOR, DEME AL MENOS UN UMEBOSHI, POR LO QUE MÁS QUIERA.
NO HAY MÁS REMEDIO QUE PONERNOS A ROBAR A LA DESESPERADA.
A ESTE PASO MORIREMOS DE HAMBRE.
¡LOS CAMPESINOS DE HIROSHIMA SON UNOS CODICIOSOS!
¡LOS CAMPESINOS SON DE LO PEOR! ¡ME HAN DADO CON LA PUERTA EN LAS NARICES! ¡NO ME HAN DADO NADA!

LA SITUACIÓN ERA CRÍTICA...
......
¡VENGA, VAMOS!
SI DE TODAS MANERAS MUERO, LO HARÉ CON EL ESTÓMAGO LLENO.
¡NO QUIERO! ¡NO QUIERO!
¡VENGA, A LA COMISARÍA!
¡TE ENVIDIO! ¡TÚ TIENES A TU MADRE!
LA BOMBA LE ARREBATÓ A SUS PADRES, Y NO LE QUEDÓ MÁS REMEDIO QUE ROBAR. COMPRENDEDLO.
NO ES UN MAL CHICO.
¿QUÉ?
UN MOMENTO. PERDONAD A RYUTA.
......
NI HABLAR, NI HABLAR. NADIE TE HA DADO VELA EN ESTE ENTIERRO.
POR FAVOR, COMPRENDED SU SITUACIÓN.
¡CALLA Y DEJA DE DECIR TONTERÍAS!

¿NO PODÉIS COMPREN-DER SU SITUACIÓN?
¡CÁ-LLA-TE! ¡VE-TE!
¡NO OS METÁIS CON LOS DÉBILES!
VOSOTROS TENDRÍAIS QUE ROBAR TAMBIÉN SI ESTUVIERAIS EN SU LUGAR.
¿CÓ-MO?
YA ESTÁ. SI OS DEVUELVO LO QUE ÉL ROBÓ SE SOLUCIONARÁ TODO, ¿NO?
¿QUÉ PASA? ¿QUIERES PELEA?
SALIMOS GANAN-DO.
NOS DEVUEL-VE TODO, Y ENCIMA TRES YENES...
TRES YE-NES...
Y ADEMÁS OS DOY ESTOS TRES YENES. NO PODÉIS QUEJAROS YA.
AQUÍ TE-NÉIS LO QUE ROBÓ.
GEN, QUIERO TENER DINE-RO...
DE ACUER-DO, LE PER-DONAMOS, PERO DAME ESOS TRES YENES.

TENÍA GANAS DE ALEGRAR A MAMÁ CON ESTOS TRES YENES...
NO QUIERO DÁRSELOS... PERO ES LA ÚNICA SOLUCIÓN.
MAMÁ, COMPRENDE QUE ERA PARA SALVAR A SHINJI... LO SIENTO.
DÁME-LOS RÁPIDO.
PARA TI PARA SIEMPRE.
EJ EJ EJE ....
LA PRÓXIMA VEZ QUE TE PILLEMOS, NOS LAS PAGARÁS.
DE-JADLE YA. IROS.
JA, JA, JA. ¡ESTO COMPENSA! ¡NOS HA DADO 3 YENES!
¿POR QUÉ ME HAS AYUDADO? ¿POR QUÉ?
ERES IDÉNTICO A SHINJI, NO PODÍA DEJAR QUE TE LLEVARAN A LA COMISARÍA.

……
PASE LO QUE PASE, TE CONSIDERO MI HERMANO SHINJI, POR ESO TE HE AYUDADO.
BUAA
……
RYUTA, COMPRENDO LO QUE SIENTES, PERO ANÍMATE.
HERMANO GEN... GRACIAS... GRACIAS...
BUAAAA BUAAAAA BUAAAA BUAAAA
¡TONTO, NO LLORES! ¡ASÍ TE ENTRARÁ HAMBRE!
¡HER-MANO GEN!
EJEJE... HACÍA TIEMPO QUE NO ME LLAMABAN ASÍ...
PUES... HERMANO...
¿QUÉ ACABAS DE DECIR?

DILO OTRA VEZ.
BUAAA... HERMANO...
¡UNA VEZ MÁS!
HERMANOOO
¡QUÉ BIEN! ¡QUÉ BIEN! ES COMO SI ME LO DIJERA SHINJI.
RYUTA, A PARTIR DE AHORA, LLÁMAME ASÍ...
¿TANTO TE GUSTA QUE TE LLAME ASÍ?
CLARO
ESO ES FÁCIL. MIRA.
HERMANOOOO, HERMANOOOO, HERMANOOOO, HERMANOOOO,
¿ALGUIEN QUIERE UN HERMANOOOO? LOS VENDO BARATOOOOOS.
¡NO TE PASES!
¡POM!
EJEJE
EJEJE

BLA, BLA
BLA, BLA
VENGA, ARRIBA.
......
......
......
SEÑOR POLICÍA, ENCIERRE A ESTOS NIÑOS PARA QUE NO PUEDAN VOLVER A ROBAR.
DE ACUERDO, LO HARÉ
SNIFF
SNIFF
SNIFF

……
VENGA, ADELANTE.
NO… LOS HAN PILLADO A TODOS…
……
SNIFF… Y PENSAR QUE ANTES ESTÁBAMOS TODOS JUNTOS…
NO PUEDO MÁS, IRÉ CON ELLOS.
TONTO, DÉJALOS.
SI VAS ALLÍ, TE ARRESTARÁN A TI TAMBIÉN.
PERO ES QUE… NO QUIERO SER EL ÚNICO QUE QUEDE LIBRE… ME SENTIRÉ SOLO.
RYUTA, VENTE A VIVIR CON NOSOTROS.
¿QUÉ?
¿DE VERAS QUE ME DEJARÍAIS VIVIR CON VOSOTROS?
HABLARÉ CON MI MADRE.
¿DE VERDAD? ¿PUEDO CONFIAR? NO ME MIENTAS, ¿EH?
CONFÍA EN MÍ…

¡TOMAD, LADRONZUELOS!
PIRAÑA, BELLOTA, MUSUBI, SHINPEI, AKIO... HASTA LA VISTA... ADIÓS...
¡IMBÉCILES!
SNIFF
¡EEEEEH! ¡BELLOTAAAAAAAAA, PIRAÑAAAAAAAAA, MUSUBIIIII, SHINPEEEEI, AKIOOOOOO! ¡HASTA LA VISTAAAAA! ¡CUIDAOOOOOS!
¡ES RYUTA!
¡EL GENERAL DE SUMINISTROS!

¡GENERAL, SOCORRO!
¡RYUTA, AYÚDANOS!
¡HASTA LA VISTA A TODOS!
¡COMPRENDEDME! ¡NO PUEDO!
¡RYUTAAAAA!
¡RYUTA! ¡SOCORRO!
¡NO QUEREMOS IR A LA COMISARÍA! ¡POR FAVOR!
BUAAAAA, BUAAAAA. ¡HASTA LA VISTA!
¿QUIÉN ES ÉSE?
BUAAAAA
BUAAAAA
BUAAAAA
BUAAAAA
¡CALLAOS DE UNA VEZ!
BUAAAAA
BUAAAAA
BUAAAAA
BUAAAAA
BUAAAAA
¡ADIÓOOOS! ¡SUERTEEE!
¡EEEH! ¡NO OS DEJÉIS VENCER! ¡ÁNIMO!

SNIFF
¡A CANTAR! ¡VEN-GA!
¡UU UUH, UUU UH!
¡VAMOS A CANTAR PARA ANIMARLES!
TIRO MI PAÑUELO AL SUELO, Y LO VUELVO A RECOGER. UNO, DOS, TRES...
SOY LA REINA DE LOS MARES, Y USTEDES LO VAN A VER, LO VAN A VER,
ELLOS NO TIENEN NINGUNA CULPA... NINGUNA...
ESTA GUERRA Y LA BOMBA DE HIROSHIMA LES HA OBLIGADO A ROBAR PARA SOBREVIVIR.

ALE HOP, HOP
......
......
YAAAAAWN
MMMM...
¿Y SI ME DICEN QUE NO? ¿ADÓNDE IRÉ?
¿ME DEJARÁN QUEDARME?
TODAVÍA...

¡AAAAY!
¡AYA-YAYA-YAY!
¡UFFFF, UFFF FFFF! ¡QUÉ DOLOR!
SOY TON-TO.
TARDA MUCHO... ¿CUÁNDO SALDRÁ?
VENGA, MAMÁ, SI NO PASA NADA.
DEJA QUE RYUTA SE QUEDE CON NOSOTROS.
VALE, TE COM-PRENDO PERO...
SI NO TENEMOS COMIDA NI PARA NOSOTROS DOS, SI AÑADIMOS UNA BOCA MÁS...

YO COBRO 3 YENES AL DÍA POR CUIDAR A SEIJI EN CASA DE LOS YOSHIDA. NO TE PREOCUPES POR EL DINERO.
DEJA QUE RYUTA SE QUEDE... POR FAVOR...
VA-YA, VA-YA...
......
ESE NIÑO ES IDÉNTICO A SHINJI... NO IMPORTA COMO LO MIRE...
MAMÁ, CUANTO TE TERMINES EL PESCADO, DÉJAME LAS SOBRAS. QUIERO CHUPAR LAS RASPAS.
SHINJI... SIENTO NO PODER DARTE MÁS... PERDÓNAME...

MAMÁ, MAMÁ... ¡ME QUEMOOOOO!
¡UUUUH!
サクッ
......
NO TE QUEDES FUERA. ENTRA.
¿DE VERDAD?
ANDA, CÓMETE ESTO.
¿PARA MÍ?
PUES CLARO. ÉSTA ES TU CASA DESDE HOY.
¡GRACIAS!
¿DE VERDAD LE DEJAS?
LO TENDRÉ POR LA REENCARNACIÓN DE SHINJI. NO PUDE SALVARLE EN SU MOMENTO, ASÍ QUE AHORA ME TOCA CUIDAR A RYUTA.

NO HACE FALTA QUE ME HABLES DE USTED.
SEÑORA, ME PORTARÉ BIEN. NO LE DARÉ TRABAJO.
¡HURRA, BRAVO!
RYUTA, DEJA DE LLORIQUEAR Y COME.
SNIFF
A PARTIR DE AHORA, CAMINAREMOS JUNTOS.
DEBES DE HABER SUFRIDO MUCHO...
MI MADRE ME DECÍA SIEMPRE QUE LO HACÍA MUY BIEN...
POR EL MOMENTO, NO PUEDO DAROS NADA A CAMBIO PERO... AL MENOS, DÉJAME QUE TE DÉ UN MASAJE...
......
QUÉ... ¿QUÉ QUIERES?

DEJA QUE TE HAGA UN MASAJE...
......
GRACIAS, RYUTA...
PERO NO HACE FALTA...
PERO ES QUE ...
LOS NIÑOS TIENEN QUE VIVIR COMO NIÑOS
NO TIENES QUE PENSAR TANTO EN LOS DEMÁS. NO ES BUENO A TU EDAD, ¿VALE?
SNIFF
BUAA
BUAAAA
BUAAAA
GRACIAS... ESAS PALABRAS ME ALEGRAN MUCHO...
......
BUAAAA
BUAAAA
BUAAAA

TOU
PAM
POM
¡MALANDRÍN, NO ESCAPES COBARDE!
¡JAMÁS ME CAZARÁS, SASUKE!
¡PRUEBA MI HOJA, RAPAZ!
¡NI PLIN!
¡TOMA!
OGH ... GGG...
DATE POR VENCIDO.
MMMM
HUIRÉ USANDO LAS ARTES NINJA.
TON TOCO TON, TON TON TOCO TON

¡TÉCNICA DE LA CASCADA EN CAÍDA LIBRE!
¡HASTA LA VISTA!
¡AICH!
U UU UH
RYUTA, ¿ESTÁS BIEN?
¡SASUKE, MUERE! ¡HAS CAÍDO EN LA TRAMPA!
¡ME HAS ENGAÑADO!
¡UAAAJ AJAJA!
¡AY, AY, AY! ¡COBARDE!
¡UAAAAH! ¡UAAAAH!
¡AY, AY! ¡ME RINDO!
JA, JA, JA
JÁ, JA, JA
¡QUÉ ALEGRES SE LES VE!

TOMOKO, YA TIENES UN NUEVO HERMANO.
......
ABUELA, HAY UN NIÑO NUEVO.
HMMMM... VAYA FO-LLÓN QUE ESTÁN ARMAN-DO...
KI-MIE
¿SÍ?
¿QUIÉN ES ESE NIÑO? ¿NO PRE-TENDERÁS QUE SE QUEDE AQUÍ?
PU... PU-ES...
LA VERDAD ES QUE ME GUSTARÍA DARLE COBIJO...
¡NI HA-BLAR!

NO SÉ DE DÓNDE HABRÁ SALIDO, PERO NO PUEDES TRAER A NIÑOS MUGROSOS AQUÍ PORQUE SÍ.
......
KIMIE, TE ESTOY ALQUILANDO ESTA CASA, PERO NO TE HE DICHO QUE LA USES COMO QUIERAS.
POR MUCHOS SUFRIMIENTOS QUE HAYAN, TENEMOS UN DESTINO. PERMÍTAME QUE LE DÉ COBIJO.
NI HABLAR. NI HABLAR.
ÉCHALE YA. NO QUIERO QUE LLENE LA CASA DE PULGAS Y PIOJOS.
¿CÓMO PODRÍA CUIDAR A OTRA PERSONA?
¡SILENCIO! AQUÉL QUE NO PUEDE ESPANTAR A LA MOSCA QUE RONDA POR SU CABEZA
NO TIENE DONDE IR. ¿QUÉ LE PASARÁ SI NO LE DAMOS COBIJO? POR FAVOR.
......
¡VENGA, KIMIE, PÁGAME EL DINERO DEL MES!
ADEMÁS, SI TANTO QUIERES DEJARLE QUE SE QUEDE, PAGA PRIMERO EL ALQUILER.

VENGA, RÁPIDO, EL DINERO.
ESPERE UN POCO MÁS.
NO PUEDES NI PAGAR EL ALQUILER. ¿CÓMO VAS A PODER CUIDAR A ALGUIEN?
NO VAYAS DE FRESCA.
NO QUIERO QUE ESE NIÑO SE QUEDE. ¡ÉCHALO YA!
……
……
¡VIEJA ESTÚPIDA! GRRRR
KIMIE, ESTÁS TARDANDO. ¡ÉCHALE!
NO QUIERO.
¿CÓMO?
¡VENGA, HAZLO YA!
バチーン
AAAH

¡NIÑO, NO TE METAS EN ASUNTOS DE MAYORES!
¡ES MI MADRE!
¡ESTÚPIDA! ¡NO PEGUES A MI MADRE!
¡IMBÉCIL! ¡TE VOY A MATAR! ¡ERES DE LO PEOR!
¡YA ESTOY HARTO!
¡GEN, DÉJALES!
¡NO HUYÁIS! ¡ESPERAD!
¡SOCORRO!
¡UAAAH!
¡OH!
¿EH?
¡UAH!
¡MUERE!

¡VIEJA LOCA! ¡ESTÚPIDA! ¡A VER SI TE MUERES DE UNA VEZ!
¡SUÉLTAME, SUÉLTAME!
¡DÉJALO YA! NO HEMOS PAGADO AÚN. AGUÁNTATE.
¡Y NO ECHAREMOS A RYUTA! ¿HAS OÍDO, VIEJA IMBÉCIL?
¡MAÑANA TE PAGARÉ!
......
ARF, ARF.
¡QUÉ SUSTO! ESE NIÑO ES UN DEMONIO. SE VA A ENTERAR.
PUF, PUF.
¿EH?
¡OH!
GEN... DÉJALO YA... SERÁ MEJOR QUE LO OLVIDES.
SNIFF. MAMÁ, TENGO MUCHA RABIA. MUCHA.

......
RYUTA, ¿QUÉ HACES AHÍ SENTADO?
......
LO SIENTO MUCHO
TODO ESTO HA SIDO POR MI CULPA.
PERDONADME.
TONTO... NO PASA NADA. YA HA TERMINADO.
VENGA, RYUTA, NO TE PREOCUPES.
COMO LA VIEJA ESA VUELVA A MOLESTARNOS, LE METEMOS UNA CAGARRUTA EN LA BOCA
Y LE MEAMOS EN LA CABEZA PARA QUE CREZCA UNA FLORECILLA.
HERMANO...

SNIFF. GEN... SEÑORA... GRACIAS POR TODO...
¡TONTO! ¡NO LLORES, YA ERES UN HOMBRE!
B U A A
BUAAAAA, BUAAAAA. GRACIAS, GRACIAS.
ZZZZZ, ZZZZZZ. RYUTA, NO TE VOY A DEJAR IR.
ZZZZZ,ZZZZZ. ¡QUÉ FELIZ SOY!
SNIFF... QUÉ PENA... QUÉ PENA...

¿QUÉ SERÁ DE NOSOTROS? ¿QUÉ SERÁ?
¿CÓMO LOGRAREMOS SOBREVIVIR?
TENGO QUE CRIAR A ESTOS NIÑOS COMO DEBE SER.
PROTÉGENOS. POR FAVOR. TE LO RUEGO.
POR FAVOR, CONCÉDEME ALGO DE TU FUERZA. AHORA ESTOY MUY CANSADA.
¿POR QUÉ TUVISTE QUE DEJARME TAN PRONTO? ERES HORRIBLE.
¿EH?
SNIFF, SNIFF
SÍ, PERO... ¿QUIÉN LE LLAMA?
¿ES ÉSTA LA CASA DE GEN NAKAOKA?

ABRID, ABRID.
ドンドンドン
YAA-AAWN. ¿QUIÉN ES? ¡QUÉ FOLLÓN!
ZZZZ, ZZZZZ. A COMER.
GEN, ALGUIEN TE ESTÁ BUSCANDO
¿QUIÉN SERÁ A ESTAS HORAS? TENGO SUEÑO.
ガラッ
¿EH?
ARF, ARF
ANDA, ERES TÚ.
POR FAVOR, VEN RÁPIDO A CASA.
¿POR QUÉ?
EL TÍO SEIJI ESTÁ RARO.
¿QUÉ LE HA PASADO?
NO LO SÉ, PERO ES MUY EXTRAÑO. NO PARA DE GRITAR...

NO... NO PUEDE ESTAR MURIÉNDOSE...
NO LO SÉ ...
¿POR QUÉ NO LO SABES?
ME DAN NÁUSEAS... NO PUEDO ACERCARME A SU HABITACIÓN.
VE TÚ A VER.
¡ESTÚPIDA! ¡CÓMO PUEDES PEDIRME ESO! ¡ES TU TÍO!
......
¿Y SI ESTUVIERA AL BORDE DE LA MUERTE? ¿POR QUÉ NO VAIS A VERLE?
¡VALE! ¡IRÉ AHORA MISMO!
¡MAMÁ! ME VOY A VER A SEIJI.
YO TAMBIÉN IRÉ.
¡SEJI! NO TE MUERAS. LLEGARÉ EN UN MOMENTO. ¡TEN VALOR!

......
BRR RRR
¿NO SE HABRÁ VUELTO LOCO? ESOS GRITOS NO SON NORMALES...
ガオー
ギギ
VE A VERLE.
NI HABLAR, VE TÚ.
NO QUIERO. ME PODRÍA HACER CUALQUIER COSA...
ウウウウ

ARF, ARF. SEIJI, NO TE MUERAS, POR FAVOR...
ARF, ARF
ARF, ARF
ARF, ARF
GEN, GRACIAS POR VENIR. VE A VERLE.
ARF, ARF
¡HAS TARDADO MUCHO! ¿DÓNDE ESTABAS?
¡TIENES QUE GANARTE TUS 3 YENES A PULSO! ¡DATE PRISA!
ESTÚPIDA.
ESTA MUJER ES DE LO PEOR. ODIA A SEIJI.
Y ENCIMA SE PONE A ALARDEAR DE SU RIQUEZA...
SI PODÉIS ESTAR AQUÍ CONTEMPLANDO EL PANORAMA, ¿POR QUÉ NO VAIS A VER QUÉ PASA CON SEIJI?
NO CREO QUE PUEDAN MORIR EN PAZ. SON LO MÁS CRUELES

SEIJI... ¿QUÉ TE PASA?
¡VOY A ABRIR!

¿QUÉ HACES?
ウウウウ
PERO SI ESTÁ PINTANDO CON LA BOCA.
QUÉ CURIOSO ES ESTE TIPO...
MENOS MAL... CREÍ QUE ESTABA A PUNTO DE MORIR...
UUUUH
ベチャ

UGH
UAA AAJ AJA
IMBÉCIL, NO TE RÍAS.
¡UAH!
MI... MIERDA...
UUUH
ベチャ
UUU UH, UU UUH
UA AA AA JA JA JA
¡RYUTA!
VALE, LO SIENTO...

QUIERO DIBUJAR LO QUE SE ME ANTOJE.
UUUUUH
ES IMPOSIBLE. IMPOSIBLE.
PERO NO PUEDO.
PERO ME RINDO.
GEN, TE HICE CASO Y HE INTENTADO DIBUJAR CON LA BOCA.
INTENTÉ PINTAR UN CUADRO QUE TENÍA GANAS DE HACER.
¿PERO QUÉ DICES?
ES LA PRIMERA VEZ, ES IMPOSIBLE QUE TE SALGA BIEN TAN PRONTO.
SI NO PUEDO DIBUJAR LO QUE QUIERO, ESTA VIDA YA NO MERECE LA PENA.

TENGO QUE IMPACIENTARME... QUIERO PINTAR MIENTRAS SIGA VIVO...
......
CUANDO HAYAS PRACTICADO, SEGURO QUE LO HARÁS MEJOR. NO TE IMPACIENTES.
Y QUE ENTONCES MI VIDA SE EXTINGUE INMEDIATAMENTE.
QUE LOS GUSANOS DEVORAN MI CUERPO...
ÚLTIMAMENTE NO PARO DE TENER SUEÑOS HORRENDOS.
¿QUÉ SUEÑOS?
¡TONTO! ¡DEJA DE INSISTIR EN QUE MORIRÁS!
QUIERO QUE ME INCINEREN.
ANTES DE MORIR, QUIERO REALIZAR MI ÚLTIMA OBRA.
SEGURO QUE MUERO DENTRO DE POCO.

......
UUUUH... QUÉ RABIA... LA RABIA ME CORROE
OJALÁ PUDIERA SUJETAR EL PINCEL...
OJALÁ SE MOVIERAN ESTAS MANOS.
MAMÁ... NO HABLES EN VOZ ALTA...
¡QUE SE MUERA! ¡QUE SE MUERA! ESO NOS QUITARÍA MUCHOS DOLORES DE CABEZA...
¡QUÉ ESCÁNDALO HA ARMADO! Y TODO PORQUE QUIERE PINTAR. CON TANTO GRITO ME ASUSTÉ AL PRINCIPIO.
VENGA, AKIKO, ADENTRO, QUE SI NO TE CONTAGIARÁS.
NO ME IMPORTA QUE ME OIGAN.
¡SEIJI, ÁNIMO! ¡SIGUE PINTANDO! ¡NO DEJES QUE SUS PALABRAS TE DESANIMEN!
......
SON HORRIBLES...

UUUUUH
Y AHORA, A PINTAR.
¡SUJETA EL PINCEL!
ベチャ
VENGA, ÁNIMO.
MMM... LECHES...
QUÉ VOY A HACER, ME HACE GRACIA.
¡RYUTA, TE HE DICHO QUE NO TE RÍAS!
¡JUA, JUA, JUA!
UUUH
¡CALLA YA!
¡UAAAH! ¿QUÉ HACES? NO, NO.
¡UAAAAH! ¡PERDONA, LO SIENTO!
¡NO PIENSAS EN LA GENTE!

……
VENGA, DIBÚJALE.
¿NO TE ESTABAS RIENDO? ÉSTE ES TU CASTIGO. SERÁS SU MODELO.
¡ERES MALO!
¡MALO! ¡ME LAS PAGARÁS!
SI TE MUEVES, TE CORTO LA PILILA.
QUÉ CORTE... VAYA...
QUIERO INMORTALIZARTE... PORQUE ME CAES MUY BIEN...
¿QUÉ? ¿YO TAMBIÉN?
GEN, HAZ TÚ TAMBIÉN DE MODELO.
¡DÉJAME EN PAZ!
¡CHÍNCHATE!
¡QUÉ SE LE VA A HACER! TODO SEA POR QUE TE ALEGRES.

¿QUÉ TAL ASÍ?
BIEN. NO OS MOVÁIS.
UUUUUGH
EJEJE
EJE-JEJE. PARE-CEMOS TON-TOS.
¡UAAAAH! TENGO GANAS DE MEAR.
¡AGUANTA, ES POR SEIJI! ¡UN POCO MÁS!
ARF, ARF
ARF

E JE JE
ES INCREÍBLE QUE PUEDAS DIBUJAR TAN BIEN CON LA BOCA.
¡INCREÍBLE!
YO TAMBIÉN QUIERO PINTAR
A TI SEGURO QUE SÓLO TE SALE UN CHURRO
¡BOBO¡ MI PADRE ERA PINTOR. YO TAMBIÉN DEBO DE SER CAPAZ DE DIBUJAR.
SEIJI, ENSÉÑAME A PINTAR.
YO TAMBIÉN QUIERO SER PINTOR.
SI TIENES GANAS DE VERDAD, TE ENSEÑARÉ.
DE... ¿DE VERAS? ¿PROMETIDO?
CLARO.

......
¡TIENES QUE SEGUIR VIVIENDO!
SEIJI, ME TIENES QUE ENSEÑAR, ASÍ QUE YA NO PUEDES MORIRTE.
VA-LE...
¡BIEEN! VAMOS A DIBUJAR MAÑANA.
MMM
VENGA, HASTA MAÑANA.
VENGA, HASTA MAÑANA.
SOIS LA MONDA...
¡UAAAJAJA! ¡TEN CUIDADO!
ADEMÁS, SI MUERES, ME QUEDARÉ CON TUS HUEVOS. ¿EH?
......
¡SERÉ PINTOR!
¡A DIBUJAR! ¡A DIBUJAR!
¡UAAAAH! ¡TENGO GANAS DE QUE LLEGUE MAÑANA!
¡UAH!
¡NO ME IMITES!
¡VIVIRÉ! ¡NO QUIERO MORIR ASÍ! ¡NO QUIERO!
GRACIAS POR TODO, GEN. CUANDO ESTOY CONTIGO, SIENTO QUE PUEDO HACER CUALQUIER COSA.

QUE SE MUE-RAN LOS CALVOS QUE SE MUERAN LOS CALVOS QUE SE MUERAN TOICOS, TOICOS, TOICOS TOICOS LOS CALVOS.
¡AIRE FRES-CO!
......
QUE NO QUEDE NINGUNO QUE NO QUEDE NINGUNO QUE NO QUEDE NIN-GUNO, NINGUNO, NIN-GUNO NINGUNO DE LOS CALVOS.

¡UAH!
¿QUÉ HACES?
¡TONTO! ¡DEJA DE CANTAR ESO!
¿POR QUÉ?
¿CÓMO QUE POR QUÉ?
NO LO SÉ. EXPLÍCAMELO.
QUE NO QUEDE NINGUNO, QUE NO QUEDE NINGUNO, QUE NO QUEDE NINGUNO, NINGUNO, NINGUNO, NINGUNO DE LOS CALVOS.
ANDA, ES VERDAD, SI TÚ ESTÁS CALVO.
......
¡QUÉ COINCIDENCIA! ¡JA, JA, JA!
¡NO TE PONGAS A DECIR COSAS QUE MOLESTAN A LA GENTE!
¡TONTO!
¡TONTO! ¡TONTO! ¡NO HACÍA FALTA QUE ME PEGARAS!

LECHES... ¿CUÁNDO ME VOLVERÁ A CRECER EL PELO? ¿CUÁNDO?
LO SIENTO... SNIFF ...
SEIJI, ¿QUÉ HACES?
A VER, A VER...
AL PINTAR UN CUADRO ES NECESARIO DELIMITAR EL PAISAJE.
POR ESO HAY QUE PONER LOS DEDOS EN FORMA DE CUADRADO PARA ESTABLECER EL MARCO.
GEN, HAZLO TÚ.
VAYA... NO LO SABÍA...
YO TAMBIÉN, YO TAMBIÉN.
MMM ... YA VEO...
¿EH? HAY HUMO... ¿UN INCENDIO?

GEN, POR AQUÍ NO ENCUENTRO UN PAISAJE QUE ME SATISFAGA. VAMOS A SUBIR AHÍ.
VALE.
VENGA, RYUTA, EMPUJA.
VAMOS, VAMOS.
¿QUÉ SERÁ ESTA CUES-TA?
EL EJÉRCITO DE INFANTERÍA HIZO ESTA BARRERA PARA EVITAR QUE LAS BALAS SALIE-RAN DEL CAMPO DE ENTRENA-MIENTO.
ARF, ARF.
¡AL ATA-QUE-EE!
¡UEE EEH, UEE EEH!
¡N O!
¡OH!
¡A H!

ジュー
ジュー
DIOS MÍO
ESTÁN QUEMANDO UNA INMENSA CANTIDAD DE CUERPOS.
¡NO QUIERO
¡PERO QUÉ DICES! ¡VAMOS A BAJAR YA!
ME INCINERARÁN, Y TIRARÁN...
A MÍ TAMBIÉN...
¡DENTRO DE POCO SERÉ UNO DE ELLOS!

NO VOY A MORIR SIN MOSTRARLE ESTO A LA GENTE.
VOY A DIBUJAR TODO.
GEN, NO ME VOY A IR DE AQUÍ.
QUIERO QUE AQUELLOS QUE PROVOCARON ESTA GUERRA VEAN MI CUADRO... Y LOS QUE LANZARON LA BOMBA TAMBIÉN.
PINTARÉ UNA A UNA LAS CARAS LLENAS DE DOLOR DE PERSONAS ABANDONADAS COMO ROPA VIEJA.
......
......
IMBÉCILE... IMBÉCILES...
¡ÉSTA SERÁ MI ÚLTIMA OBRA!

ARF, ARF
ARF, ARF
RYUTA... NO DEBERÍAMOS HABERLE TRAÍDO AQUÍ, SE HA PUESTO FRENÉTICO.
UGGGGGGH
¡UAH! ¡SEIJI!

¡U AH!
¡UGH!
¡MIRA! ESTÁ VOMITANDO SANGRE. ¡VOLVAMOS!
UUUUUH
SEIJI, ¿ESTÁS BIEN?
¡GEN, NO VOY A VOLVER TODAVÍA!
NADA DE ESO. TIENES QUE VER AL MÉDICO.

......
SI SIGUES INSISTIENDO, TE MATARÉ.
PE-RO
HE DICHO QUE NO Y ES QUE NO.
SERÁ MI ÚLTIMO CUADRO.
VOY A DIBUJAR UNA A UNA LAS CARAS LLENAS DE DOLOR DE PERSONAS LAS ABANDONADAS COMO ROPA VIEJA.
ドドッ
QUIERO QUE AQUELLOS QUE PROVOCARON ESTA GUERRA Y LOS QUE LANZARON LA BOMBA VEAN MI CUADRO.
¡NO VOY A MORIR SIN HA-BLAR!

ARF, ARF.
¡SEIJI, DÉJALO YA!
¡CÁLLATE! ¡NO TE PREOCUPES POR MÍ!
¿ADÓNDE VAS?
ドクッ
¡UGH!
¡VOY A HACER MI ÚLTIMO CUADRO! ¡MI ÚLTIMO CUADRO!
¡AH!
ゴロ―ン
ゴロ―ン

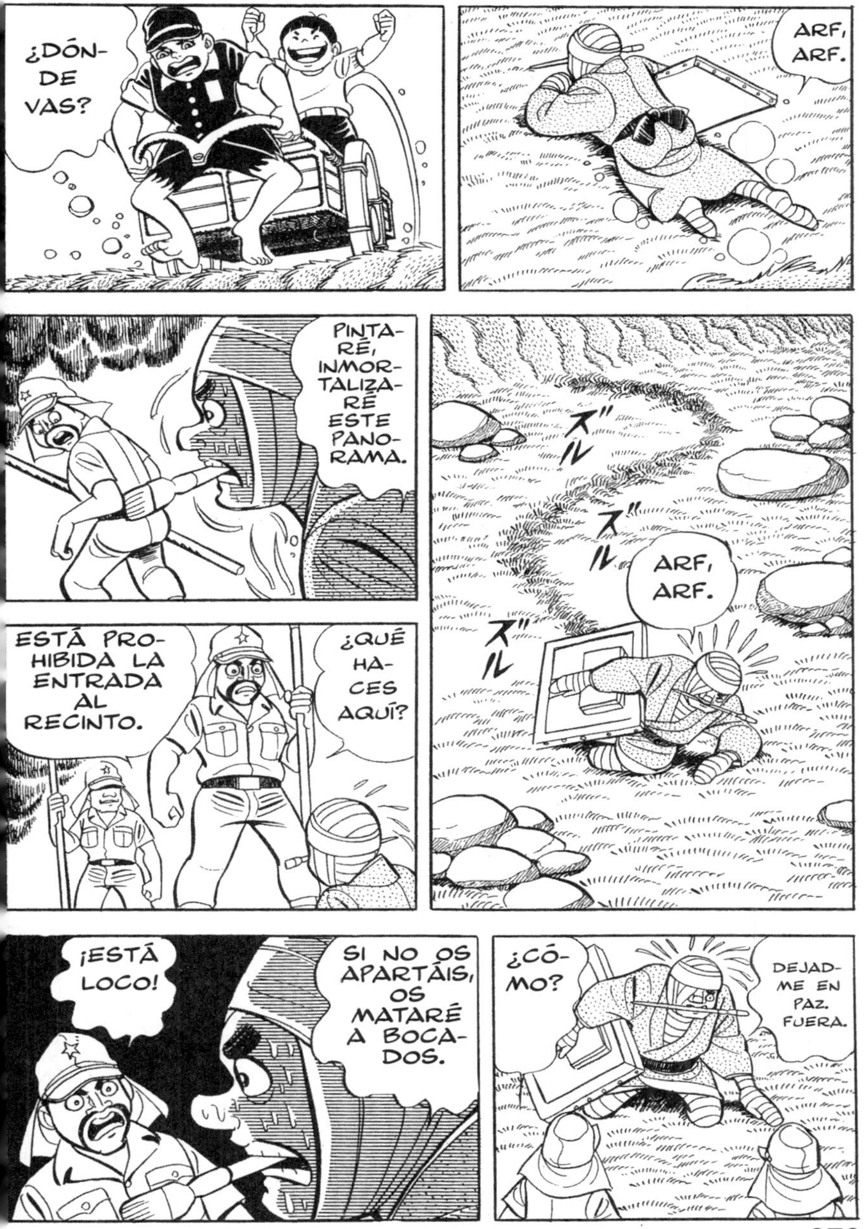
ARF, ARF.
¿DÓNDE VAS?
ズル
ズル
ARF, ARF.
ズル
PINTARÉ, INMORTALIZARÉ ESTE PANORAMA.
¿QUÉ HACES AQUÍ?
ESTÁ PROHIBIDA LA ENTRADA AL RECINTO.
DEJADME EN PAZ. FUERA.
¿CÓMO?
SI NO OS APARTÁIS, OS MATARÉ A BOCADOS.
¡ESTÁ LOCO!

ARF, ARF.
DÉJALO YA, VÁMONOS.
TE HA DEBIDO DE DOLER...
SÉ QUE HABÉIS SUFRIDO MUCHO...
TÚ SENTIRÍAS MUCHA PENA... MUCHA RABIA...

SOY IGUAL QUE TODOS VOSOTROS...
MORIRÉ Y ME ABANDONARAN... ME TIRARAN A LA BASURA COMO SI FUERA ROPA VIEJA.
¡PERO ANTES DE QUE OCURRA TENGO QUE HACER ALGO!
¡INMORTALIZARÉ EL ODIO DE TODOS!
¡LO HARÉ!
カッ
¡UUUUH!
ARF, ARF.
SEIJI...
¡CONTRA!
¡ESTÁ LOCO!

¿E H?
¡DÉ-JE-LE!
¡ERES UN ES-TORBO, VETE!
ES VER-DAD.
ÉL TIENE TODA LA RAZÓN. SI MUEREN ASÍ, SUS ALMAS NO ENCONTRARÁN DESCANSO.
SÍ, ESO, ESO.
DÉJELE SEGUIR PINTAN-DO.
¡DEJA DE DECIR COSAS DE MAL AGÜERO!
SI LE ECHÁIS, LOS ESPÍRITUS OS HARÁN LA VIDA IMPOSIBLE.
ARF, ARF
JE, JE ...
¡ESTOS TRES ESTÁN LOCOS!
¡VALE, VALE, LE DEJARÉ PINTAR!
ODIO... RENCOR... ¡TEN MIEDO, MUCHO MIEDO!

DE HIRO-SHIMA.
OIGA, ¿DE DONDE HAN SALI-DO TODOS ESTOS CUERPOS?
......
SEIJI, HAZ LO QUE PUEDAS, PERO SIN CARGAR-TE DEMASIA-DO.
SUPON-GO QUE SÍ.
¿TAMBIÉN DE KAKOMA-CHI?
ARF, ARF.
ARF, ARF.
¡VIVA AA!
¿QUÉ LE PA-SA?
¡HUR RAA AA! ¡VIVA AA!
PUF.. QUI-ZÁS.
ES QUE QUIZÁ EL CUERPO DE MIS PADRES ESTÉ POR AQUÍ.
......
RYUTA, ¿DE QUÉ TE ALE-GRAS?

......
¡AYÚDAME A ENCONTRARLOS!
QUIERO VER A MIS PADRES OTRA VEZ.
ENTONCES, VAMOS.
VALE... LOS BUSCARÉ.
......
YO TAMBIÉN QUIERO LOS HUESOS DE MIS PADRES.
¡ME DAS ENVIDIA PORQUE TIENES LOS HUESOS DE TUS FAMILIARES!
NO ESTÁN POR NINGUNA PARTE.
ARF, ARF.
......
SNIFF
DÉJALO YA. CONSIDERA A MI MADRE COMO TU MADRE.

A LO MEJOR ESTÁN POR AQUÍ.
QUIZÁ LOS HAYAN QUEMADO YA.
……
……
BU AA AA A
¡SOY RYUTA! ¿NO ME RECONOCÉIS?
¡PAPÁ! ¡MAMÁ! ¡CONTESTADME SI ESTÁIS POR AQUÍ!
UUU UUU UUH, UUU UUH
NO QUIERO. ME LOS LLEVARÉ.
DEJA ESOS HUESOS DONDE ESTABAN.
TONTO, PERO SI NO SABES DE QUIÉN SON.
ME QUEDARÉ CON DOS CALAVERAS.

BUENO...
NO PASA NADA, ¿NO?
HE DECIDIDO QUE ESTOS SON LOS HUESOS DE MIS PADRES Y YA ESTÁ.
JE, JE... YA NO ESTOY SOLO. ESTOS SON MI PAPÁ Y MI MAMÁ.
RYUTA...
¡VIVA! ¡HURRA!
¡ANDA! ¡OTRA VEZ ESTÁ VOMITANDO SANGRE!

DIOS MÍO... GRAN SEÑOR... SI EXISTES DE VERDAD... CONCÉDEME UN DESEO.
¡NO TE DEJES VENCER!
UGH
POR FAVOR, TE LO RUEGO, DÉJAME VIVIR...
DÉJAME VIVIR HASTA QUE TERMINE ESTE CUADRO.
TE ODIO... TE ODIO...
¿DIOS, POR QUÉ NO ME PERMITES SEGUIR?
SEIJI, DESCANSA YA. VÁMONOS.
¡ANDA!
HAY QUE LLAMAR AL MÉDICO.
VENGA, RYUTA, VOLVAMOS A CASA.

ARF ARF.
ARF, ARF.
SEIJI, NO TE MUERAS. ¡ESPABILA!
ARF, ARF.
VAMOS A PEDIR AGUA ALLI.
AGUA ...
GEN... AGUA... DAME AGUA...
UUUH
PERDONE, ¿ME PUEDE DAR ALGO DE AGUA?
HMM

¡IMBÉCILES!
¡NO TRAIGÁIS A MI CASA A UN MONSTRUO DE LA BOMBA! ¡FUERA DE AQUÍ! ¡FUERA!
PERO SI SOLO TE PIDO AGUA.
¿Y SI NOS CONTAGIAMOS?
¡FUERA DE AQUÍ!
¡AGH!
¡AH!
ガ
ガ
¡UUUUUGH!
ガ
¡ESTÚPIDOS!
¿POR QUÉ ODIÁIS A LOS AFECTADOS DE LA BOMBA?
NADIE HA PEDIDO QUEDARSE ASÍ.
¡ESO, ESO! ¡NO OS RIÁIS DE LOS DÉBILES!

RYUTA, ¿TIENES GANAS DE MEAR?
SÍ, ¿POR QUÉ?
¡SOIS UNOS MALEDUCADOS! ¡FUERA!
¡CALLAOS! ¡OS HE DICHO QUE OS VAYÁIS!
¡BIEN HECHO!
ジャ
¡HALA, A JOROBARSE!
HAY QUE DARLE SU MERECIDO
¡IMBÉCIL!
¡QUE TE DEN!
JE, JE.
ジャー
¡NO MEÉIS EN EL POZO!
¡NO CORRÁIS!
¡IDIOTA, BOBO!
¡HUYAMOS!

ARF, ARF
ARF, ARF
SEIJI, AGUANTA UN POCO MÁS, YA LLEGAMOS.
¡NOS CONTAGIARÁ!
¡VÁMONOS!
......
¡OH!
¡MIRA!
¡ES EL MONSTRUO DE LOS YOSHIDA!
¡UAAAAH!
HUUUUU
¡SON UNOS BOBOS!
¡LA BOMBA NO TENÍA VENENO! ¿POR QUÉ NO OS DAIS CUENTA?

PASA POR TODAS LAS CALLES DEL BARRIO.
GEN, QUIERO QUE TODOS ME VEAN.
¿CÓ MO?
¿QUÉ ESTÁS HACIEN- DO?
ESTO ES LO ÚNICO QUE PUEDO HACER PARA HACERLES REFLEXIO- NAR.
TODOS ME ODIAN POR HABER SUFRIDO LA BOMBA DE HIROSHIMA...
QUIERO QUE ESTA IMA- GEN QUEDE GRABADA EN LO MÁS PROFUN- DO DE TODOS.

QUIERO QUE TODOS RECUERDEN LOS EFECTOS DE LA BOMBA.
NO VOY A MORIR COMO UN POBRE DESGRACIADO.
SERÉ COMO UNA ATRACCIÓN DE FERIA. ¡QUE TODOS ME VEAN Y RECUERDEN!
GEN, DATE PRISA.
NO, SEIJI... SERÁ PEOR...
¡CANTA! ¡GRITA! ¡QUE TODOS SALGAN A LAS CALLES!
GEN, LLÉVAME POR TODAS LAS CALLES.
DE ACUERDO... LO HARÉ...
¡VALE!
RYUTA, NO HAY OTRA ALTERNATIVA. TÚ TAMBIÉN.
¿QUÉ PUEDO HACER?
¡ME DA IGUAL! ¡ARMA UN ESCÁNDALO!

ジャーンジャーン
ジャガイモ
サツマイモー!
ウオ〜
ガウ〜
¡UAH!
¡QUÉ ASCO!
ガウー
ガウー
¡UN MONSTRUO!
……
ガウー
ガウー
……

ガウー
ガオー
ギエー
ウオー
¡UAH! ¡UN MONS TRUO!
¡ES HO RR EN DO!
¡DI O S!
¡HUID TODOS! ES EL MONS-TRUO DE LOS YOSHIDA. OS PEGARÁ SU ENFERME-DAD.
ガウ〜
……
¡MIRADME, MIRADME BIEN! ¡ASÍ SE QUEDA UNO TRAS LA BOMBA!
¡ENTERAOS DEL HORROR DE LA BOMBA!

¡FUERA DE AQUÍ, IDIOTA!
¡AA AH!
¡ES HORROROSO! ¡DA MIEDO!
¡UA AAA JA JA!
¡NO OLVIDARÉIS FÁCILMENTE MI ODIO!
¡NO HABÉIS PARADO DE BURLAROS LAS VÍCTIMAS DE LA BOMBA! ¡DE MÍ!
¿OS DOY MIEDO? ¡JOROBAROS!
¿QUÉ SERÁ ESO?
GROOAR
GROOAR
MAMÁ, MIRA.
¡AAAH!
¡ÉSTA ES MI VENGANZA! ¡MIRADME!
¡ESTA IMAGEN SE QUEDARÁ IMPRESA EN VUESTRA RETINA Y YA JAMÁS PODRÉIS HUIR DE ELLA!
¡UAH!
¡DIOS!
¡OH!

¿DÓN-DE VIVE ESE MONS-TRUO?
EN CASA DE LOS YOSHIDA.
NO SABÍA QUE HOS-PEDARAN A ALGUIEN ASÍ
ガウー ガウー ガウー
¡UAH!
ES SEIJI... ¿POR QUÉ?
GROOAR
......
¡ES UN BOBO! ¡VAYA, VAYA!
ES UN ALBORO-TADOR. ¡VAYA TIPARRA-CO!
¡UGH!
¡MIRA! ¡OTRA VEZ ESTÁ VOMITANDO SANGRE!
UUH
¡BASTA POR HOY! ¡SI SIGUES, EMPEZARÁS A DAR PENA!
GEN, NO VUELVAS AÚN. ¡QUIERO QUE TODOS EN EL BARRIO VEAN LA IMAGEN DE UNA VÍCTIMA DE LA BOMBA!
¡RYUTA, VE RÁPI-DO A LLAMAR AL MÉDICO!

…
…
ARF, ARF.
ARF, ARF.
NO PUEDE SER. SEGURO QUE HAY UNA SOLUCIÓN...
YA ES TARDE. TIENE EL CORAZÓN MUY DETERIORADO.
DOCTOR, HAGA QUE SE PONGA BIEN.
…
ERA UN NUEVO TIPO DE ARMA...
NO LO SÉ. ESA BOMBA TENDRÍA ALGÚN TIPO DE VENENO...
¿POR-QUÉ?
YA HE EXAMINADO A MUCHAS VÍCTIMAS DE LA BOMBA. TODAS TENÍAN LAS VÍSCERAS DESTROZADAS... Y SE IBAN MURIENDO...

¡SEIJI, NO MUERAS! ¡AÚN TE QUEDAN MUCHAS COSAS POR HACER!
LO SIENTO, PERO LA MEDICINA ACTUAL NO PUEDE HACER NADA POR ÉL.
¡TIENES QUE TERMINAR ESTE CUADRO! ¡ABRE LOS OJOS Y PONTE MANOS A LA OBRA!
ESTE MÉDICO NO SABE NADA.
ARF, ARF.
¡ME TIENES QUE ENSEÑAR A PINTAR!
¡VIVE! ¡VIVE!
ARF, ARF.
......
¡LECHES! ¿NO HAY MANERA DE QUE SE CURE?

ESO ES MENTIRA.
SI TRITURO EL HUESO Y SE LO TOMA, SE CURARÁ.
¿CÓMO?
RYUTA, DÉJAME QUE USE UNA DE ESAS CALAVERAS CON SEIJI.
BUENO, SI NO HAY MÁS REMEDIO...
¡ERES UN EGOÍSTA! PODRÍAS AYUDAR A LA GENTE DE VEZ EN CUANDO. SEGURO QUE TU PADRE TAMBIÉN SE PONDRÁ CONTENTO.
NO QUIERO. ÉSTE ES MI PADRE.
DA IGUAL, PERO HAY QUE INTENTAR ALGO.
TENGO QUE AYUDARLE. NO PUEDO DEJAR QUE MUERA.
MMM
DE ACUERDO. SERÁ SÓLO UN MOMENTO.
SÓLO UN POCO, ¿EH?

¡AH!
¡UGH!
……
¿QUÉ QUERÉIS?
¿DE QUÉ HABLAS?
¡POR VUESTRA CULPA AHORA SOMOS EL HAZMERREÍR!
……
¿QUÉ HACES, ESTÚPIDA?
¡NO OS PODÉIS IMAGINAR LA VERGÜENZA QUE ESTAMOS PASANDO POR LO DE ESTA TARDE!
¡AHORA TODOS SABEN QUE TENEMOS UN MONSTRUO EN CASA!

HABÉIS HECHO MELLA EN EL HONOR DE LOS YOSHIDA.
バチーン
¡IROS DE AQUÍ AHORA MISMO!
¡LECHES! ¿CÓMO QUE VERGÜENZA? ¿CÓMO QUE HONOR?
¿ES QUE NO COMPRENDÉIS CÓMO SE SIENTE SEIJI?
SÓLO TE IMPORTAN LAS APARIENCIAS, BRUJA.
¡ESO, BRUJA!
¡MALEDUCADOS!
¿POR QUÉ NO LE TRATÁIS MEJOR?
¡NO ME VOY! ¡TENGO QUE ESTAR CON SEIJI!
¡VETE YA SIN DECIR NI UNA PALABRA MÁS!
SI NO TE VAS, NO TE DARÉ EL DINERO.
NO ME IMPORTA. SU VIDA SIGNIFICA MUCHO MÁS.

¡NO ME LO PUEDO CREER!
¡ERES MUY CRUEL! ¡MUY CRUEL!
SI SE SALVA, NUESTRO MARTIRIO CONTINUARÁ.
¡ERES UN FRESCO! ESTOY DESEANDO QUE SE MUERA, ¿POR QUÉ LLAMASTE AL MÉDICO?
MENOS MAL
DÉJALA
¡SUÉLTAME!
¡DALE, HERMANO, DALE!
¡VIEJA BRUJA!
PUF
ES MI ÚNICO HERMANO, POR FAVOR, TEN MÁS CONSIDERACIÓN CON ÉL.
NO QUIERO, NO QUIERO.
HANA, EL CHICO TIENE RAZON. DEBERIAS TRATARLE MEJOR AL MENOS EN SUS ÚLTIMOS MOMENTOS.
DE ACUERDO.
LO SIENTO, GEN. SIGUE CUIDÁNDOLE, POR FAVOR.
......
NO TE HAGAS EL INOCENTE, TÚ TAMBIÉN QUIERES QUE SE MUERA.

SON UNOS BOBOS. YA RECIBIRÁN SU CASTIGO.
......
ESTA GENTE ES MUY MALA.
ARF, ARF.
VEN- GA, YA ESTÁ
VOY A DARLE POLVO DE HUESOS A SEIJI.
GULP
GULP
GULP
SEIJI, TRÁGATE- LO TODO. QUIZÁ ASÍ TE RECU- PERES.
UUUUH
OJALÁ HAGA EFECTO.
ARF, ARF.

ムクッ
¡SE HA DESPERTADO!
¡EL POLVO HA FUNCIONADO!
¿QUÉ TAL ESTÁS? ¡LEVÁNTATE!
UUH
ヨロ ヨロ
¿DÓNDE VAS?
ヨロ ヨロ
¡UAAAH! ¡ESPERA!
ヨロ ヨロ

ARF, ARF.
¿QUÉ QUIERES HACER?
JUÁ, JUA, JUA
VAMOS A REALIZAR UN EXPERIMENTO PARA LIBERARME DEL VENENO DE LA BOMBA.
¿EXPERIMENTO?

LLENAD ESTO DE HOJAS Y ARENA.
¿ESTÁS BIEN?
¡NO PONGAS PEGAS Y HAZ LO QUE TE DIGO!
ENTENDIDO
¡QUÉ RARO!
ESTO ME GUSTA.
¿MÁS?
ES SUFICIENTE.
ATRÁS. PUEDE QUE EXPLOTE. ES PELIGROSO, ASÍ QUE APARTAOS.
DE ACUERDO.
DEJA QUE YO ME META TAMBIÉN. PARECE DIVERTIDO.
¡SILENCIO! ¡ESTO NO ES UN JUEGO, ES UN EXPERIMENTO!

¡COMIENZO!
ブブブ
ドカーン
¡AH!
¡OH!
¡UAAAJA JAJA! ¡TODO UN ÉXITO!
EL VENENO HA DESAPARECIDO. ESTOY SANO.
YA NO TENGO NINGUNA HERIDA
ESTOY PERFECTO
¡VIVA! ¡HURRA!
HMMMM
¡EH! ¿QUIÉN ERES?
¿NO TE ACUERDAS DE MÍ?
¡ERES UN ESPÍA!
¡SOY, GEN, GEN NAKAOKA!
¿SABES QUIÉN SOY YO?

¡PREPÁRATE A MORIR!
¿DE QUÉ HABLAS?
TU AFRENTA HA SIDO TORTURARME HASTA EL LÍMITE. ERES UN TRUHÁN.
¡TE VAS A ENTERAR!
NO TE PUEDES IMAGINAR LO QUE HE SUFRIDO POR TUS ACCIONES.
¡PARA, PARA!
¡UAH!
¡DETENTE! ¿NO ME RECUERDAS? ¡SOY GEN! ¡GEN!
¡CALLA! ¡VOY A TERMINAR CON VOSOTROS!
¡MORID!
¡DIOS!
¡UAAAAAAH!

¡NO HUYÁIS, ESPÍAS!
¡VÁMONOS!
¡RYUTA, RÁPIDO!
¡ESTÁ LOCO!
¡SEIJI SE HA VUELTO LOCO!
¡VEN AQUÍ!
¡SOCORRO!
¡MUERE!
¡GEN!
¡SÚBETE AL ÁRBOL!
GROARRR

ARF, ARF.
ARF, ARF.
¡ESPÍAS, ES INÚTIL QUE HUYÁIS! ¡BAJAD!
¡DATE PRISA!
¡UAAAAH!
GRRR
GRRR
EL VENENO DE LA BOMBA HA CALADO HASTA SU CEREBRO.
¡ESTO ES POR EL POLVO DE HUESOS QUE LE DISTE!
GEN, ESTÁ FATAL.
SEIJI, VUELVE A SER TÚ. ¡ESPABILA!
ARGH
ARGH
ARGH

¡QUÉ ESCÁNDALO! ¿QUÉ OCURRE?
MM MM
¡AAAH! ¡PARA, DÉJANOS YA!
¡SOCORRO!
¡UUAAAJAJA! ¡OS VOY A EJECUTAR! ¡PRONTO MORIRÉIS!
¡EH! ¿QUÉ DEMONIOS PASA?
¡HAN LLEGADO MÁS ESPÍAS!
¡TAMBIÉN OS MATARÉ A VOSOTROS!
¡UAAAAH!
¡DIOS!

¡ESPÍAS! ¡OS VOY A MATAR A TODOS! ¡JIA, JIA, JIA!
¡MAMÁ!
¡SEI JI!
¡DIOS!
¡SE HA VUELTO LOCO! ¡NO SABE LO QUE HACE!
¡ME HABÉIS SOMETIDO A LAS MÁS CRUENTAS TORTURAS! ¡OS ANIQUILARÉ!
¡A AA AH!
¡DETENLE!
¡MAMÁ!
¡MUERE!

¡TOMAD!
¡AH! ¡AH!
¡UAAH!
¡GRRRRRRRRR!
¡MAMÁ!
UGGG
¡AGH!
¡TO-MA!
¡SOY TU HERMANO! ¿LO HAS OLVIDADO?
¡SEIJI, NO SIGAS!

¡JIA, JIA, JIA, JIA!
AAH.
UUGH
¡PAPÁ AAA, MAMÁ AAAA!
¡GRRRR!
¡NOOOO!
¡SOCORRO!
¡NO LAS TOQUES!
¡JAMÁS TE PERDONARÉ SI LES HACES DAÑO!
¡GRRRRRR!
¡OS VOY A MATAR A TODOS!
¡TODOS AQUELLOS QUE ME HICIERON SUFRIR VERÁN HOY SU FIN!
PERDÓNAME... TODO HA SIDO CULPA MÍA...
¡JUA, JUA, JUA JUA, JUA, JUA, JUA!

ドガッ
UUH, SEIJI ...
GRRRRRRR
¡TÍO SEIJI, NO NOS HAGAS DAÑO!
¡SENTIMOS MUCHO TODO! ¡PERDÓNANOS!
UUUUUUUUH
¡MAMÁ!
¡POR FAVOR! ¡TENGO MIEDO!
¡ESTE MONSTRUO ESTÁ LOCO!
ゴーン
J-I-A J-I-A J-I-A J-I-A
ヒーッ
¡NIÑAS, SALID CORRIENDO!

¡TONTA! ¡SE HA VUELTO LOCO! ¡NO PUEDO HACER NADA!
AYÚ-DALES, DEPRI-SA.
¡SOCORRO! VA A MATAR A MIS PADRES.
¡DÉJA ME!
¡JIA, JIA, JIA, JIA! ¡VAS A MORIR! ¡VAS A MORIR! ¡TODOS VAIS A MORIR!
VA-YA.
ESTÁ FUERA DE CON-TROL.
DIOS MÍO.
¡UU UU UU GH!
¡JUA, JUA, JUA, JUA!
PERDÓNA-ME POR TRATARTE TAN MAL. TE LO RUEGO...
¡AA AA AH!

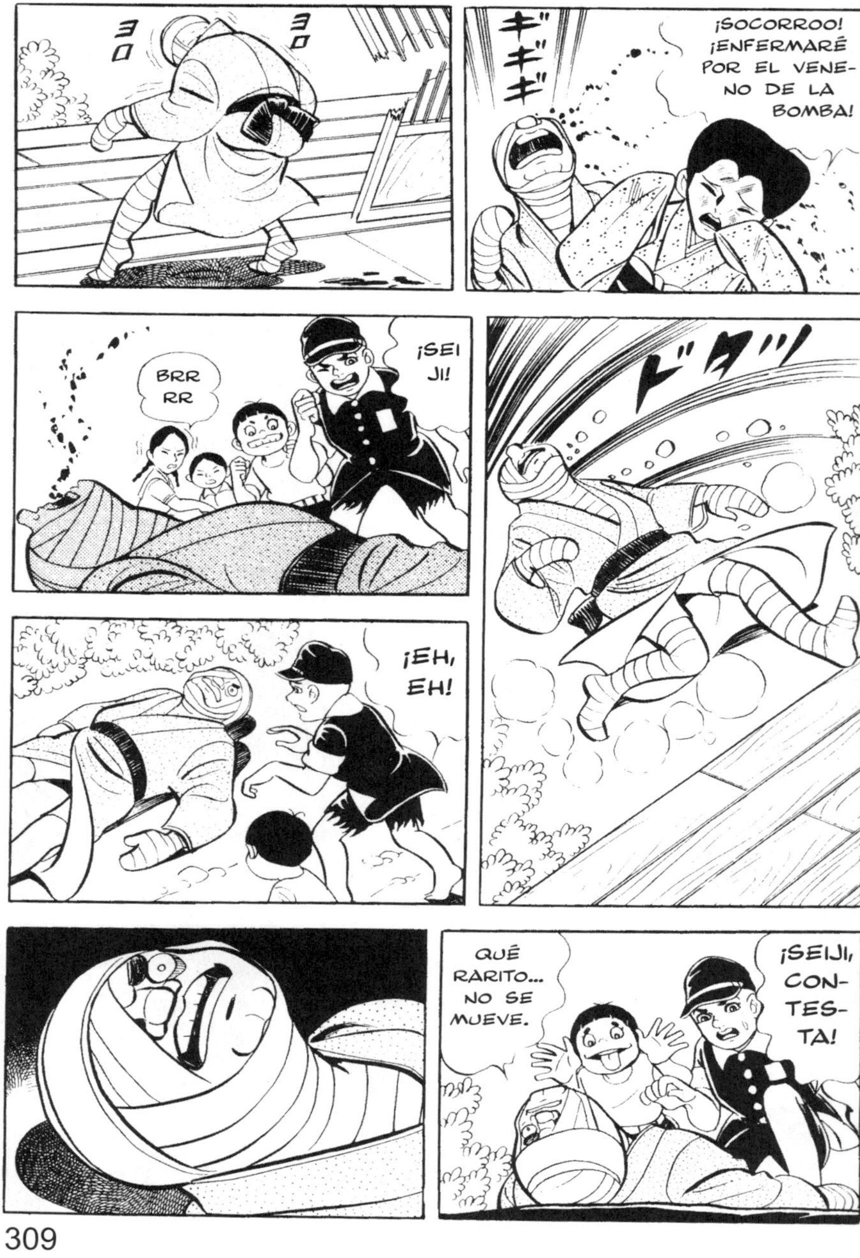

ギギギ
¡SOCORROO! ¡ENFERMARÉ POR EL VENENO DE LA BOMBA!
ヨロ
ヨロ
ドタッ
¡SEI JI!
BRR RR
¡EH, EH!
¡SEIJI, CONTESTA!
QUÉ RARITO... NO SE MUEVE.

¡NO PUEDES MORIR TAN FÁCILMENTE! ¡DESPIERTA!
¡SEIJI! ¡ÁNIMO!
¡ES VERDAD!
ESTÁ MUERTO. SEIJI HA MUERTO...
¡NO HAS TERMINADO TU ÚLTIMO CUADRO! ¡DESPIERTA!
¡TIENES QUE VIVIR!
¡ME PROMETISTE QUE ME ENSEÑARÍAS A PINTAR!
¡IMBÉCIL! ¡REACCIONA!
¡IMBÉCIL! ¡ERES UN ESTÚPIDO!
¡NO PUEDE SER!

ESO, ESO.
TODO LO QUE TE OCURRIÓ HA SIDO MALO.
EL CUERPO SE TE DERRITIÓ POR EL CALOR DE LA BOMBA, TODOS EMPEZARON A ODIARTE Y AL FINAL... PERDISTE LA CORDURA.
¡QUÉ CRUEL!
HMM ... SÍ...
¡MIRA QUÉ BIEN! ¡POR FIN NOS HEMOS LIBRADO DE SEIJI!
POR POCO...
......
POR FIN PODREMOS VIVIR OTRA VEZ TRANQUILOS.
ERA ABOMINABLE... YA LO ODIABA.
HA TENIDO QUE DARNOS PROBLEMAS HASTA EL ÚLTIMO MOMENTO.

......
GRACIAS POR TODO, GEN. YA NO NECESITO TUS SERVICIOS.
AQUÍ TIENES 10 YENES EN PAGO A TU TRABAJO.
¡10 YENES! ¡CUÁNTO DINERO!
......
¡MIRA QUÉ BIEN! ¡10 YENES! ¡ALÉGRATE!
¡IMBÉCIL! ¡CÓMO ME VOY A ALEGRAR SI SEIJI HA MUERTO!
HASTA LA VISTA... CUANDO LLEGUES AL CIELO, PINTA TODOS LOS CUADROS QUE QUIERAS...

ES UNA DESGRACIA.
SNIFF. HICIMOS TODO LO QUE ESTABA A NUESTRO ALCANCE PARA CUIDAR A SEIJI...
NOS HEMOS ENTERADO DE LA MUERTE DE TU CUÑADO. NUESTRO MÁS SENTIDO PÉSAME.
SNIFF SNIFF
MUCHAS GRACIAS.
POBRECITO... CON LO BUENO QUE ERA...
TRISTEMENTE, SE FUE SIN PODER TERMINAR SU ÚLTIMA OBRA. ESO LE DEBIÓ PESAR MUCHO.
ESTUVO PINTANDO HASTA EL MISMO DÍA EN QUE FALLECIÓ...
......
OJALÁ HUBIERA VIVIDO AL MENOS HASTA HABERLO TERMINADO... SNIFF...

A PESAR DE TODO, ANOCHE...
LOS ESFUERZOS QUE PUSIMOS PARA QUE SE CURARA SON INCONTABLES.
TENÍA UN TALENTO ARTÍSTICO ENORME, PERO LA BOMBA DESTROZÓ SU VIDA...
ERA EL ORGULLO DE LOS YOSHIDA.
ES POSIBLE...
SEIJI SE SENTIRÁ AHORA MUY CONTENTO POR TODO TU ESFUERZO.
ME SIENTO VACÍA.
SNIFF. ¿POR QUÉ HA TENIDO QUE MORIR? QUIERO VERLE OTRA VEZ, QUIERO HABLAR CON ÉL.
¡TENÉIS RAZÓN!
¡SÍ, MUY BIEN!
SEGURO QUE SÍ. LO HAS HECHO MUY BIEN.
HANA, ANÍMATE. TIENES QUE SALIR
......
YO TAMBIÉN.
VOY A DECIRLE A MI MUJER QUE TE TENGA COMO EJEMPLO.
TODOS ODIAN A LAS VÍCTIMAS DE LA BOMBA, PERO TÚ LE CUIDASTE HASTA EL FINAL. ERES ADMIRABLE.

PIDAMOS POR QUE PUEDA DESCANSAR EN PAZ.
JU, JU, JU.
¿DE QUÉ TE RÍES, FUYUKO?
ES QUE TÚ ESTABAS HARTA DEL TÍO, PERO MÍRATE AHORA.
Y HASTA LÁGRIMAS DE COCODRILO...
¡CÁLLATE! TODO ES POR EL HONOR DE LA FAMILIA.
PARA QUE NO SE VUELVAN A METER CON VOSOTRAS.
Y QUE TODOS VUELVAN A RESPETARNOS.
VALE
VOSOTRAS TAMBIÉN TENÉIS QUE ACTUAR IGUAL.
ASÍ TODA LA GENTE DE POR AQUÍ HABLARÁ BIEN DE NOSOTROS.
VALE.
......

BRRRR, BRRRRR
IMBÉCILES... SÓLO PIENSAN EN LAS APARIENCIAS. ¡MENTIROSOS!
SEIJI NO SE MERECE ESTO.
ME DAN ASCO. ME ENTRAN GANAS DE MEARME ENCIMA.
A MÍ TAM-BIÉN.
VER ESTO ME PONE ENFERMO. VÁMONOS.
A CA-SA.
トボ
トボ

¡ESA PERSONA DE AHÍ PARECE SEIJI!
ES... VERDAD...
¡OH!
¡NO TENGAS MIEDO! HE RESUCITADO.
¡UFF, UFF!
GEN, TE ESTABA ESPERANDO.
¡ES SEIJI!
¡UN FANTASMA!
¡BIEEEN! ¡ESTÁS VIVO! ¡ESTÁS VIVO!
¡HURRA! ¡BRAVO!
¿DE VERÁS QUE HAS RESUCITADO?
MIRA, TIENE PIERNAS, NO ES UN FANTASMA.
QUERÍA AGRADECERTE TODO LO QUE HAS HECHO POR MÍ.
NO HACE FALTA... ERA LO QUE TENÍA QUE HACER.

PARA DARTE LAS GRACIAS, ME GUSTARÍA REGALARTE TODO MI UTILITARIO DE PINTURA.
PERO SIN ÉL... NO PODRÁS DIBUJAR NADA.
YA NO LO NECESITO.
¿POR QUÉ?
VOY A DEJAR DE PINTAR. VOY A HACER UN LARGO VIAJE.
NO DIGAS ESO. TIENES MUCHO QUE ENSEÑARME.
LO SIENTO... NO VOY A PODER CUMPLIR LA PROMESA. PERDÓNAME.
DENTRO DE POCO PODRÁS HACER CUADROS ESTUPENDOS. TEN FE. ¡ÁNIMO!
NO SÉ
TERMINA MI CUADRO POR TI MISMO.
ME DA PENA SALIR DE VIAJE SIN TERMINARLO, POR ESO QUIERO QUE ME LO PROMETAS.
DE ACUERDO, PROMETIDO.

AUNQUE ESTÉ MUY LEJOS, SIEMPRE ESTAREMOS JUNTOS Y YO TE PROTEGERÉ. ¡HASTA LA VISTA!
GEN, POR FAVOR, TE LO RUEGO.
LO HARÉ.
¡SEIJIIII!
¡ADIOS, GEN, SÉ FELIZ!
¡SEIJI! ¡NO TE VAYAS!
¡SEIJI, ESPÉRAME!
ガッ ガッ
ガバッ
HA SIDO UN SUEÑO...
ESTABA LLORANDO... QUERÍA TERMINAR EL CUADRO DE VERDAD...
¡YO LO CONCLUIRÉ EN SU LUGAR! ¡SEGURO!

GEN, ME DUELE, DAME AGUA...
ゲゲゲ
ガバッ
¡DESPIERTA! ¡VEN RÁPIDO!
¡VEN RÁPIDO!
ARF, ARF... NO PARO DE SOÑAR CON SEIJI... ¿POR QUÉ?
ギーギーギー
¿HABRÁ RESUCITADO DE VERDAD? QUIERO SABERLO...

¡UAH!
¿QUÉ HA SIDO ESO?
¿QUÉ QUIERES, MAMÁ?
¿QUÉ PASA, HANA?
NIÑAS, ARRIBA.
DESPIERTA.

HE OÍDO ALGO RARO.
¡IMAGINACIONES! SEIJI YA HA MUERTO. DÉJAME DORMIR.
ギギギギ〜
¿VES? ¿VES?
A LO MEJOR ES UN LADRÓN.
VIENE DE LA HABITACIÓN DONDE DEJAMOS EL CADÁVER.
ギギギギ〜
DIOS
¿HABRÁ RESUCITADO?
PERO SI YA MURIÓ. ES IMPOSIBLE.
ギギギギ
¡AAAAH!
ES EL RUIDO DE ABRIR UN ATAÚD. SEGURO QUE NO PUEDE LLEGAR AL CIELO Y ANDA VAGANDO.
¡NO! ¡NO!

¡HAZ ALGO! ¡SEGURO QUE NOS MATA!
¡HAZ ALGO! ¡SEGURO QUE NOS MATA!
¡ESO NO PUEDE SER! ¡TÚ TAMBIÉN LE ODIABAS!
HANA, NO PUEDE DESCANSAR PORQUE TÚ NO PARASTE DE INCORDIARLE.
MAMÁ, TENGO MIEDO.
¡UAH!
ガラ ガラ ガラ
ARF, ARF.
ズ" ズ" ズ"

GEN, TENGO HAMBRE... TRAEME O-KAYU, POR FAVOR... VEN RÁPIDO... ME DUELE...
ド ド ド ド
ESTO ES MUY RARO... ¿POR QUÉ TENGO QUE SOÑAR LO MISMO UNA Y OTRA VEZ?
ARF, ARF
ガ
¿COMIDA? ¿DÓNDE?
RYUTA, LEVANTA.
IRÉ A VER.
QUIZÁS LE HAYA PASADO ALGO.
ゴワーン
¡AICH!
¡TONTO! ¡DEJA DE PEDIR COMIDA!
¿QUÉ? ¡VAYA! ¿NADA DE COMIDA? ¡QUÉ ROLLO!
SEIJI ME ESTÁ LLAMANDO EN SUEÑOS. VEN CONMIGO.

ズルズル
ズルズル
ARF, ARF
¡MIRA AHÍ!
SEIJI HA RESUCITADO.
¡MAMÁ!
¡MAMÁAAAAAA!
¡ABRIDME! ¡QUIERO PEDIROS UN FAVOR! ¡OS LO RUEGO, ABRIDME!
¡NO, NO!
ガチガチ
ガッ
HANA, SUJETA BIEN PARA QUE NO ENTRE.
DICEN QUE SI HABLAMOS CON UN MUERTO, NOSOTROS TAMBIÉN IREMOS A PARAR A SU MUNDO.

¡QUIERO O-KAYU! ¡O-KAYU CALIENTE!
POR FAVOR, TRAEDME UN POCO...
CALLA DE UNA VEZ.
TE VOLVISTE LOCO Y FALLECISTE. ¡VUELVE A TU ATAUD!
¡AYUDADME, OS LO RUEGO!
SEIJI... ¿POR QUÉ HAS VUELTO? DESCANSA DE UNA VEZ.
¿HASTA CUANDO VAS A SEGUIR TRAYÉNDONOS POR LA CALLE DE LA AMARGURA?
OS LO RUEGO, DADME DE COMER.
¡ME MUERO POR TOMAR O-KAYU!
¡NIÑAS, TRAÉDMELO AUNQUE SEA VOSOTRAS!
¡KYAA!
¡MONSTRUO! ¡MUÉRETE DE UNA VEZ!
¡VETE AL INFIERNO!

ME SIENTO SOLO... MUY SOLO...
¿POR QUÉ NO ME AYUDÁIS? ¿POR QUÉ...?
POR FAVOR...
YO NO HE CAMBIADO ABSOLUTAMENTE NADA, NO ME ODIÉIS, OS LO RUEGO...
TODOS ERAIS MUY BUENOS CONMIGO ANTES DE LO DE LA BOMBA...
AYUDADME A SUPERAR ESTO CON VUESTRAS PALABRAS ... POR FAVOR...
ABRIDME, ABRIDME...
¡NO TE PONGAS A PEDIR A ESTAS HORAS DE LA NOCHE! ¡VUELVE A TU ATAUD!
ME VOLVERÉ AL ATAUD CUANDO ME TRAIGÁIS O-KAYU...

¡POR FA-VOR!
¡FUYU-KO! ¡AKIKO!
¡UAAAH!
¡ABRID! ¡ABRID! ¡ABRID! ¡ABRID! ¡ABRID! ¡ABRID!
¡ESTÚ-PI-DO!
COF, COF
ESCU-CHADME, POR FAVOR.
GE... GEN... QUIERO TOMAR O-KAYU... O-KAYU...

ARF, ARF
ARF, ARF
¡AH!
MIRA... ES SEIJI...
¡UAAAAH! HAS RESUCITADO.
TEN CUIDADO, SEGURO QUE AÚN NO PUEDE CONTROLARSE. PODRÍA PEGARTE.
¡TU SUEÑO ERA VERDAD!
SEIJI, ¿ESTÁS BIEN?
¡ESTÁ FRÍO!
HA MUERTO...
PARECE QUE LE GUSTA MORIR MUCHAS VECES.

PUES... LA VERDAD ES QUE...
¿QUÉ HA PASADO?
GEN, ¿HA MUERTO YA DE UNA VEZ POR TODAS?
SÍ
BR RR
BR RR
......
HA SIDO UN INCORDIO.
ASÍ QUE QUERÍA COMER O-KAYU...
GEN, ¿QUÉ TE OCURRE?
......
¡UGH!
¡TOMA!

¿POR QUÉ NO LE DISTÉIS LO QUE PEDÍA?
NI HABLAR. ME DABA ASCO...
¡IMBÉCIL! ¡IMBÉCIL!
¿POR QUÉ NO SATISFACISTÉIS SU ÚLTIMO DESEO? ASÍ NO PODRÁ DESCANSAR EN PAZ.
¿HASTA DÓNDE LLEGA VUESTRA CRUELDAD?
¿QUÉ HACES? ¡DÉJAME!
ESTO ES INCREÍBLE... ¡INCREÍBLE!
¡NO PUEDO QUEDARME CALLADO!
......
¡MIRAD ESTA CARA! ¡SU RABIA, SU TRISTEZA HAN LLENADO SU CARA DE LÁGRIMAS!
¡GEN, PARA DE UNA VEZ!
¡ESTÚPIDOS
RYUTA, VAMOS A DARLES SU MERECIDO PARA VENGAR A SEIJI.
¡SÍ, VENGA!

¡BRUJA ESTÚPIDA! ¡MALA!
¡UGH!
¡HABÉIS SEGUIDO DE MALTRATÁNDOLE HASTA EL FINAL!
¡GEN, DÉJAME!
TODO ES CULPA MÍA, TIENES RAZÓN.
ESO DEBERÍAS HABERLO DICHO CUANDO VIVÍA.
¡TOMAD ESTO!
¡UAAAH!
¡SÓLO APRENDERÉIS A COMPORTAROS SI OS MEO EN LA CABEZA!
¡UUUUH!
¡JAMÁS PODRÉIS OLVIDAR LO MAL QUE OS PORTASTÉIS CON SEIJI!
¡EL DOLOR POR SU PÉRDIDA OS CORROERÁ HASTA EL FIN DE VUESTROS DÍAS!

¡NO OS PERMITIRÉ INCINERAR SU CUERPO!
SI LO HICIERAIS, SEIJI NO PODRÍA IR AL CIELO. SEGURO QUE NO.
RYUTA, VAMOS A QUEMARLE.
SÍ
……
DIOS MÍO... DIOS MÍO...
……
……
……

SEIJI, NOS VE-MOS.
HASTA LA VISTA, SEIJI.
ÉSTE ES EL O-KAYU QUE NO PUDISTE COMER. PARA CUANDO LLEGUES AL CIELO.
ADIOS
TENGO, TENGO, TENGO
TÚ NO TIENES NADA
TENGO TRES OVEJAS EN UNA CABAÑA
UNA ME DA LECHE, OTRA ME DA LANA, OTRA ME MANTIENE TODA LA SEMANA
HA MUERTO DE UNA FORMA MUY TRISTE. VAMOS A CANTAR PARA ACOMPAÑARLE EN SU CAMINO HASTA EL CIELO.
VENGA, SÍ. A CAN-TAR.

ESTABA EL SEÑOR DON GATO SENTADITO EN SU TEJADO
MARRAMIAU, MIAU, MIAU SENTADITO EN SU TEJADO
PAN PAN PATATAS BATATAS
PAN, PAN, PUM.
BUAAAA AAH, BUAAAA AAH, BUAAAA AAH,
BUAAAA AAH, BUAAAA AAH, BUAAAA AAH,
うわ〜ん うわ〜ん うわ〜ん
……

DE ACUERDO, PERO NO HABLÉIS DE ESTO CON NADIE.
ESOS SON LOS HUESOS DE SEIJI. GUÁRDALOS BIEN Y CUÍDALOS.
¡MAMÁ, POR FIN SE MUERTO EL TÍO SEIJI! ¡YA NO SE METERÁN CON NOSOTRAS! ¡POR FIN!
SÍ QUE ES UN ALIVIO.
ME LLEVO SU UTILITARIO DE PINTURA. ME DIJO QUE ME LO QUEDARA.
HAZ LO QUE QUIERAS.
AHORA, A TIRAR TODAS SUS PERTENENCIAS Y A VIVIR TRANQUILOS Y EN PAZ.
......

**** IMBÉCILES, ESTÚPIDOS, TONTOS *** YOSHIDA CAPULLO ** AKIKO LA IMBÉCIL, FUYUKO LA LOCA. * TONTOS, TONTOS.

15 DE AGOSTO DEL AÑO 20 DE LA ERA SHOWA (1945)
PREFECTURA DE HIROSHIMA ZONA DE YAMAGATA
ジジジ
¡FIIR ME EE ES!
ザザ
AHORA ESCUCHAREMOS UN IMPORTANTE COMUNICADO DE SU MAJESTAD EL EMPERADOR
PERMANECED EN SILENCIO.

N. DEL T.: HIMNO NACIONAL DEL JAPÓN QUE A MENUDO PRECEDE LAS INTERVENCIONES OFICIALES DE MIEMBROS DE LA FAMILIA REAL.

ポカ〜ン
SNIFF SNIFF SNIFF SNIFF
SNIFF SNIFF SNIFF SNIFF
SNIFF SNIFF SNIFF SNIFF
ジ
¡TONTOS! ES UN MOMENTO PARA LLO-RAR.
OIGA, ¿POR QUÉ ESTÁ LLORAN-DO?
NO ENTIENDO POR QUÉ. ¿QUÉ HAN DICHO QUE SEA TAN TRISTE EN LA RADIO?
TODOS HAN EMPEZADO A LLORAR, ¿QUÉ PASA?
¡IMBÉ-CILES! ¡HE-MOS PERDI-DO!
PERO SI JAPÓN ES EL PAÍS DE LOS DIOSES Y EL EMPERADOR NOS IBA A PROTEGER... USTED DECÍA SIEMPRE QUE POR ESO, LA DERROTA ERA IMPOSI-BLE.
HEMOS PERDIDO CONTRA LOS BÁRBAROS. JAPÓN HA PRE-SENTADO LA RENDICIÓN SIN CONDICIONES.

SNIFF
SNIFF
ポカ〜ン
CREÍ CIEGAMENTE EN LA VICTORIA, CONFIÉ EN QUE TODOS LOS SUFRIMIENTOS SERVIRÍAN PARA ALGO...
¡ES VERDAD! YA PODEMOS VOLVER A CASA CON NUESTROS PADRES.
ENTONCES YA NO TENEMOS QUE ESTAR EVACUADOS.
CLARO.
SI HEMOS PERDIDO... ENTONCES LA GUERRA YA SE HA ACABADO, ¿NO?
ES VERDAD... ¿CÓMO ESTARÁN?
¿ESTARÁN BIEN? DICEN QUE LANZARON UN NUEVO TIPO DE BOMBA EN HIROSHIMA... Y ERA MUY POTENTE.
¡HURRAAAA! ¡POR FIN PODRÉ ESTAR CON EIKO, SHINJI Y GEN!
¡BIEEEN! ¡YA PUEDO VOLVER A HIROSHIMA!
PERO ME PREOCUPA...
¡NO DIGAS TONTERÍAS!
¿Y SI HAN MUERTO TODOS?
¡VIVA, HURRA!
¡VIVA! ¡POR FIN!

ARF, ARF.
......
MAMÁ, LA GUERRA HA TERMINADO.
HEMOS PERDIDO.
YA LO HE OÍDO
¡PARECE QUE SOMOS TONTOS! LOS JAPONESES EMPEZAMOS LA GUERRA POR EL EMPERADOR, POR EL PAÍS.
Y AHORA QUE HEMOS PERDIDO, NOS PIDEN QUE AGUANTEMOS LO INAGUANTABLE
DEBERÍAN PENSAR EN EL PUEBLO.
¡NO TENEMOS NADA! ¡NUESTRA CASA HA QUEDADO DESTRUIDA! ¡Y PAPÁ HA MUERTO!
LO ÚNICO QUE QUEDA ES EL SUFRIMIENTO DE NO PODER NI COMER EN CONDICIONES...

SI YA SABÍA QUE ÍBAMOS A PERDER, ¿POR QUÉ NO DETUVO TODO ANTES?
¡QUÉ INFELICES QUE SOMOS! HEMOS SIDO MANIPULADOS POR UN PUÑADO DE PERSONAS QUE QUERÍAN ENRIQUECERSE CON LA GUERRA. CREÍAMOS HACERLO TODO POR EL EMPERADOR, Y AHORA NO TENEMOS NADA.
EL EMPERADOR ES UN CAPRICHOSO...
LOS B-29 YA HABÍAN DESOLADO LAS GRANDES CIUDADES DEL PAÍS INCLUIDA TOKIO. YA DEBÍAN SABER QUE ÍBAMOS A PERDER...
SI TODO HUBIESE TERMINADO HACE UNA SEMANA, NI HIROSHIMA NI NAGASAKI HUBIERAN SIDO ARRASADAS POR ESA NUEVA BOMBA, Y LAS MÁS DE CIEN MIL VÍCTIMAS ESTARÍAN VIVAS...

FUERON ESOS RICACHONES QUE VIVEN SIN PREOCUPACIONES Y SIN PENSAR MÁS QUE EN ELLOS MISMOS. ¡ME ENTRAN GANAS DE MATAR A LOS PROMOTORES DE ESTA GUERRA!
MUCHOS SE APROVECHARON DE SU FIGURA PARA INICIAR LA GUERRA...
EL EMPERADOR ES EL CULPABLE DE LA CRUEL MUERTE DE MILLONES DE JAPONESES...
NO LLORES, NO LLORES.
DEVOLVEDME A MI MARIDO, A EIKO Y A SHINJI...
QUÉ PENA QUÉ PENA...
SNIFF. NO EXISTE NADA MÁS ESTÚPIDO QUE LA GUERRA. PARECEMOS TONTOS...
15 DE AGOSTO DEL AÑO 20 DE LA ERA SHOWA (1945). EN ESTE DÍA, CONCLUYÓ LA LARGA HISTORIA BÉLICA DEL JAPÓN... NO OBSTANTE, TAMBIÉN FUE EL COMIENZO DE UN INFIERNO DE SUFRIMIENTO PARA LOS CIUDADANOS...
SNIFF, SNIFF, SNIFF.

EL JAPÓN REBOSABA DE GENTES CUYAS CASAS HABÍAN SIDO DESTRUIDAS, SIN MÁS PERTENENCIAS QUE LO QUE LLEVABAN ENCIMA...
LOS CORAZONES DE TODOS ESTABAN CORROÍDOS POR DENTRO.
¡LADRÓN! ¡TÚ ME QUITASTE MI COMIDA!
POR AQUÍ Y POR ALLÍ ABUNDABAN LOS GRUPOS DE HUÉRFANOS VAGABUNDOS... SUS OJOS SE DIRIGÍAN HACIA CUALQUIER LUGAR DONDE HUBIERA COMIDA...
NUMEROSOS SOLDADOS Y COLONOS JAPONESES QUE ESTABAN AL SUR DE CHINA, FUERON EXPULSADOS TRAS LA DERROTA. SU REGRESO SE CONVIRTIÓ EN UNA CARAVANA DE LA MUERTE.
¡NO GRITÉIS! ¡SI NOS DESCUBRE ALGUIEN, MORIREMOS TODOS!

AQUELLOS CUYAS FUERZAS NO DABAN DE SÍ, ERAN ABANDONADOS. TODOS SE DIRIGÍAN HACIA JAPÓN A RIESGO DE SU PROPIA VIDA...
LOS SOLDADOS JAPONESES PRISIONEROS FUERON OBLIGADOS A REALIZAR TRABAJOS FORZADOS EN INFIERNOS EXTREMOS COMO EL DE SIBERIA.
ACABABA DE COMENZAR UNA LUCHA SIN SUEÑOS NI ESPERANZA... UNA CRUENTA LUCHA POR LA SUPERVIVENCIA.
LOS GRITOS DE ANGUSTIA Y TRISTEZA PROVOCADOS POR LAS DESGRACIAS PROVOCADAS POR LA GUERRA, SE PODÍAN OIR TANTO EN JAPÓN COMO EN OTROS PAISES.

¡RYUTA, VOLVAMOS A CASA YA!
¡VALE!
ジャラ ジャラ
ジャラ ジャラ
HOY NO HEMOS ENCONTRADO MUCHAS
LO SÉ..
HOY TAMBIÉN NOS TENEMOS QUE CONFORMAR CON ESTAS ALMEJAS Y UN POCO DE CALABAZA, ¿NO?
DE VEZ EN CUANDO ME GUSTARÍA COMER ARROZ O ALGO HECHO CON TRIGO.
¡NO PIDAS TANTO! ¡DA GRACIAS DE QUE PODEMOS COMER ALMEJAS POR VIVIR CERCA DEL MAR!
ESO SÍ.
INCLUSO AUNQUE MAMÁ TRABAJARA, NO PODRÍAMOS COMPRAR ARROZ.
ME PREGUNTO CUÁNDO PODREMOS COMER ARROZ POR FIN. TODOS LOS DÍAS ESTOY MUERTO DE HAMBRE.
YO TAMBIÉN
¿EH?
¿QUÉ PASA?

SE NOTA QUE LA GUERRA HA TERMINADO. YA TODOS PUEDEN ENCENDAR LAS LUCES POR LA NOCHE CON TODA TRANQUILIDAD.
HASTA AHORA NADIE LAS ENCENDÍA POR TEMOR A QUE UN AVIÓN ENEMIGO TIRARA UNA BOMBA.
PARECEN LUCIÉRNAGAS.
¡MIRA QUÉ BONITO! TODAS LAS LUCES ESTÁN ENCENDIDAS.
GEN CONOCIÓ POR PRIMERA VEZ LA ALEGRÍA PRODUCIDA POR LA PAZ. ESA CÁLIDA LUZ QUE BRILLABA TENUE DENTRO DE SU CORAZON
¡YA NO HACE FALTA HUIR SI VIENEN LOS AVIONES DE LOS YANQUIS!
¡CLARO QUE NO! ¡POR FIN TRANQUILIDAD!

PAPÁ, SHINJI, EIKO... OJALÁ PUDIÉRAIS VER VOSOTROS TAMBIÉN ESTAS LUCES...
SNIFF
ギャー
ギャー
ギャー
TOMOKO ESTÁ LLORANDO. ¿QUÉ LE PASARÁ?
¿Y MAMÁ?
¡YA ESTAMOS EN CASA!
ガラッ
¡OH!
¡MAMÁ!
¡DIOS MIO!

* Clínica Nakao

DILE QUE NO.
¿QUÉ DECIDES?
SE LO RUEGO, ES QUE MI MADRE... MI MADRE...
¡TRANQUILO! NO HACE FALTA QUE DES TANTOS GOLPES
IMPOSIBLE... PERO SI ESTABA HABLANDO CON ÉL EN LA HABITACIÓN.
EL MÉDICO NO ESTÁ, VE A OTRO HOSPITAL.
DE ACUERDO
NO CREO QUE TENGA DINERO NI ARROZ. NO PUEDO PERDER EL TIEMPO POR NADA
¡TENGO QUE ENCONTRAR A UN MÉDICO!
SÓLO HAY UNA CLÍNICA MÁS POR AQUÍ
¡MERDA!
¡HE DICHO QUE NO ESTÁ Y NO ESTÁ!
¡POR FAVOR! ¡POR FAVOR!

¿QUÉ QUIERES?
MI MADRE ESTÁ MUY ENFERMA. NECESITO QUE LA VEA UN MÉDICO
UN NIÑO HA VENIDO PARA SOLICITAR UNA VISITA A DOMICILIO
¿CÓMO ES?
ESTÁ ALGO SUCIO Y NO LLEVA NADA
¿QUÉ?
TE HE PREGUNTADO ALGO. ¿ES RICO? ¿ES POBRE? ¿TIENE ARROZ?
HEMOS PERDIDO LA GUERRA, AHORA YA NADIE AYUDA A NADIE
LAS MEDICINAS ESCASEAN. NO PUEDO USARLAS CON CUALQUIERA.
¿CUÁNTAS VECES TE LO VOY A TENER QUE DECIR?
JAMÁS EXAMNARÉ A ALGUIEN SIN DINERO O ARROZ.
SÓLO SOBREVIVIRÁN AQUELLOS CON DINERO O BIENES EN SU PODER.
SI ME PUSIERA A EXAMINAR A LOS POBRES A CAMBIO DE NADA HABRÍA QUE CERRAR LA CLÍNICA Y NOSOTROS MORIRÍAMOS DE HAMBRE.
VALE. .. DE ACUERDO...
……
受付

ALGÚN DÍA LE PAGARÉ, PERO EXÁMINE A MI MADRE, SE LO RUEGO
¿NO VA A VENIR?
TENGO MUCHO QUE HACER. VETE A BUSCAR A OTRO MÉDICO
SI ELLA MUERE ME VOLVERÉ LOCO. SE LO RUEGO, EXAMÍNELA LO ANTES POSIBLE
POR FAVOR
HE DICHO QUE NO
LECHES
¡UAH! ¡DÉJAME!
¡ERES UN MATASANOS!
¡AAAAH!

¡ESTÚPIDO!
COMO MI MADRE MUERA, SIN FALTA VENDRE A ELIMINARTE PERSONALMENTE.
AY, AY, AY, AY!
!!
¡FUERA DE UNA VEZ!
LOS MÉDICOS NO ME HACEN CASO PORQUE SOY POBRE.
¿QUÉ PUEDO HACER AHORA?
¡IMBÉCIL, ESTUPIDO! ¡NUNCA OLVIDARÉ ESTO! ¡NUNCA!
VOLVED LO ANTES POSIBLE. OS NECESITO.
KOJI, AKIRA... ¿QUÉ DEBO HACER?

LA DERROTA ECHÓ A PERDER EL CORAZÓN DE LOS HOMBRES. TODOS SE CONVIRTIERON EN VERDADEROS ANIMALES. UN VIENTO FRÍO PORTADOR DE CONFUSIÓN SOPLABA POR TODO EL JAPÓN...
MIERDA, MIERDA.
JAMÁS SERÉ COMO ESOS MÉDICOS. JAMÁS.
NUNCA ME PORTARÉ MAL CON LA GENTE QUE SUFRE.
MAMÁ, EL MÉDICO NO QUIERE VENIR.
¡AH!
¡RYUTA! ¿TE HAS VUELTO LOCO?

¿QUÉ HACES?
¡TE HAS VUELTO LOCO!
¡IMBÉCIL!
AGH!
¡CÓMO TE ATREVES A PEGAR A UN ENFERMO!
¡NO TE EQUIVOQUES! ¡NO ES LO QUE TÚ CREES!
ボカッ
ボカッ
¡CALLA YA! ¡NO TIENES EXCUSA! ¡ERES CRUEL!
¡AY, AY! ¡NO! ¡ELLA ME LO PIDIÓ!
¡TONTO! ¡CÓMO TE VA A PEDIR QUE LE PEGUES?
¡NO MIENTO! ¡NO MIENTO!

GEN... DÉJALE... DICE LA VERDAD.
¿QUÉ? ¿POR QUÉ?
TENÍA RETORTIJONES.
POR ESO LE PEDÍ QUE ME SUJETARA LA ESPALDA CON FUERZA PARA ASÍ PALIAR EL DOLOR...
ME DOLÍA MUCHO, CREÍA QUE EL ESTOMAGO ME IBA A REVENTAR...
HEMOS COMIDO MUY POBREMENTE, ES LÓGICO QUE ME DEN ESOS DOLORES.
¡UEEH! ¡UEEH! ¡UEEH! ¡UEEH!
MAMÁ, ¿AÚN TE DUELE?
SÍ... CON DESCANSAR UN POCO ESTARÉ BIEN...
MENOS MAL... NINGÚN MÉDICO ME HIZO CASO... YA NO SABÍA QUE HACER.
¡GEN, ERES UN IDIOTA!
VAYA, VAYA... ¿TE HA DOLIDO?
¿TÚ QUÉ CRE-ES?
¡UGH!

¡BIEEEN! ¡QUE ALEGRIA! ¡POR FIN PODRÉ VOLVER A ESTAR CON PAPÁ Y MAMÁ!
¡VOLVAMOS A HIROSHIMA! ¡VAMOS! ¡BIEEEN!
BLA, BLA
¡HURRA!
......
......
......
VENGA, ADELANTE.
¡VIVA!
BLA, BLA
PORTAOS BIEN HASTA QUE VENGAN A RECOGEROS.
NAKAOKA, HIROTA, YONEGAWA. HE PEDIDO AL MONJE DEL TEMPLO QUE OS CUIDE.
SNIFF
¿QUÉ ESTARÁN HACIENDO PAPÁ Y MAMÁ?
QUIERO VOLVER LO ANTES POSIBLE.
SNIFF ¿DONDE ESTARAN?

POR EL GRAN MANITÚ A DONDE VAYAS TÚ TANTOS INDIOS VERÁS QUE YA NO CABEN MÁS. BUN CHAKA BUN CHAKA BUN BUN BUN
SNIFF
¡BUAAAAAA! ¡HAS LLEGADO MUY TARDE! ¡PAPÁ, ERES MALO!
MAMÁ Y LOS HERMANOS HAN MUERTO POR LA BOMBA. ME HE ENTRETENIDO PONIENDO LAS COSAS EN ORDEN... LO SIENTO.
NO LLORES MÁS. A PARTIR DE HOY VIVIREMOS JUNTOS EN HIROSHIMA.
VALE...
......
......
AKIRA... YA SÓLO QUEDAMOS NOSOTROS DOS.
SÍ...
¡Y SI TODA MI FAMILIA Y PARIENTES HAN MUERTO?
¡TONTO! ¡NO DIGAS ESO NI EN BROMA!

SNIFF
¡VETE YA DE UNA VEZ!
¡ME MARCHO YA! ¡HASTA PRONTO!
QUIERO QUE VENGAN PRONTO A RECOGER-ME.
TIENEN QUE ESTAR VIVOS. SEGURO.
PERO ES QUE...
DÉJALO. SALGA LO QUE SALGA ESO SON PATRAÑAS NO SIGAS.
......
NO VIENE...
VIENE..
NO VIENE...
MAMÁ VIENE.
¡ESO SON TONTERIAS!
¡MAMÁ VENDRÁ A RECOGERME!
¡BIEN! ¡VA A VENIR!
VIENE.
¡IDIOTA! ¡NO ME CABREES! ¡PARA YA!
NO VIENE.
VIENE.
NO, A MI ANTES
NO, A MI ANTES
A MÍ ME RECOGERÁN ANTES.
COMO SIGAS METIÉNDOTE CONMIGO, DIOS TE CASTIGARÁ Y NO TE RECOGERÁN.

ミーン
ミーン
ツクツクボーシ
MAMÁ, CREÍ QUE TODOS ESTABAIS MUERTOS. ESTABA MUY PREOCUPADO.
PERDONA. PAPÁ Y LA HERMANA MURIERON POR LA BOMBA... ESTABA DESCON-CERTADA, POR ESO ME RETRASÉ...
¿HAN MUERTO? BUAAAA..
A PARTIR DE AHORA TENDRÁS QUE AYUDARME PARA SALIR ADELANTE.
......
VOLVA-MOS A HIRO-SHIMA.
SÍ, VAMOS
FINALMENTE ME HE QUEDADO SOLO... SIN NADIE...
......

COMPRENDO COMO TE SIENTES, PERO SE FUERTE.
AKIRA... TODO PARECE INDICAR QUE TU FAMILIA PERECIÓ POR LA BOMBA.
(SUTRA) KEI SHU TEN NIN SHO KU GYO
ZAI HI MI MYO AN RAKU KOKU
KON JIKI SHIN JO NYO SEN
AQUÍ SÓLO HAS QUEDADO TÚ, PERO EN OTROS TEMPLOS HAY BASTANTES NIÑOS COMO TÚ.
YO... A UN ORFANATO.... ......
ES MUY DURO, PERO TIENES QUE SER FUERTE Y LUCHAR AUNQUE TENGAS QUE IR A UN ORFANATO.
DENTRO DE POCO SE CONSTITUIRÁ UN ORFANATO PARA REUNIR A TODOS LOS QUE NO TIENEN QUIEN LES RECOJA.
¡TONTO! ¡TONTO!
TE COMPRENDO PERO...
¡QUIERO VIVIR CON MI FAMILIA! ¡VENDRÁN A RECOGERME!
¡NO QUIERO! ¡NO QUIERO IR A UN ORFANATO!

LA GUERRA SÓLO HA SEMBRADO LA DESGRACIA...
ES HORRIBLE... SE HA QUEDADO SIN NADIE AUN ANTES DE PODER VALERSE POR SI MISMO...
......
NO VENDRAN ...
ブチッ
VENDRAN ...
¡NO, NO!
NO VENDRAN ...
VENDRAN ...
NO VENDRAN
VENDRAN ...
NO VENDRAN ...
VENDRAN ...

¡PAPA, MAMA, VENID A BUSCARME CUANTO ANTES!
BUAA
¡OS LO RUEGO! ¡POR FAVOR! ¡ESTAD VIVOS!
¡VENID CUANTO ANTES! ¡NO QUIERO QUE ME LLEVEN A UN ORFANATO! ¡QUIERO ESTAR CON VOSOTROS EN HIROSHIMA!
¡KOJI! ¡EIKO! ¡GEN! ¡SHINJI!
BUAAA BUAAA BUAAA
¿EH?
MAMÁ, ¿POR QUÉ LLORAS?
UUUH, UUUH, UUUH, UUH.

ESTABA SOÑANDO...
¿Y POR ESO LLORAS?
ALGUIEN SE LLEVABA A AKIRA A UN LUGAR MUY LEJANO...
LLORABA Y ME LLAMABA.
AKIRA...
TENEMOS QUE IR A BUSCARLE...
SÍ, YO TAMBIÉN QUIERO VERLE PRONTO.
PERO NO PUEDO IR CON LO MALA QUE ESTOY...
ADEMÁS, TARDARÍA DOS DÍAS EN LLEGAR A DÓNDE ESTA, CARGANDO CON TOMOKO.
MAMÁ, IRÉ YO.
¿DE VERDAD? NO HAY NI TREN NI AUTOBÚS.
NO TE PREOCUPES. IRÉ CON RYUTA, NO ME IMPORTA TENER QUE ANDAR.
¿VERDAD, RYUTA?
SÍ, PERO... TENGO HAMBRE.
......
EN EL CAMPO HAY UN MONTÓN DE PATATAS Y ARROZ... TENGO GANAS DE LLEGAR.
¿DE VERDAD?
¡HURRA! ¡VAMOS VAMOS!
¡RÁPIDO, RÁPIDO!
CUANDO PIENSA EN COMER ES EL MÁS ACTIVO...

GEN, MIRA. TODAVA HAY CADAVERES CALCINADOS POR TODOS LADOS.
SI...
¡ÁNIMO, RYUTA! ¡AKIRA NOS ESTA ESPERANDO!
¡SÍ, ANIMO!
QUE SE MUERAN LOS CALVOS
QUE SE MUERAN LOS CALVOS
QUE SE MUERAN TOICOS,
TOICOS, TOICOS
TOICOS LOS CALVOS
Que no qeede ninguno
Que no quede ninguno, ninguno, ninguno
Ninguno de los calvos.
¡TE HE DICHO QUE NO CANTES ESA CANCIÓN!
¡UICH!
¡ES VERDAD! QUE TÚ ESTÁS CALVO.
LO SIENTO.

HOY SOLO HEMOS TOMADO DOS PATATAS. ESTOY RENDIDO.
VAMOS A DESCANSAR UN POCO. TENGO MUCHA HAMBRE Y NO ME PUEDO MOVER.
ARF, ARF.
¡ME ENGAÑASTE! DIJISTE QUE HABRÍA MUCHA COMIDA EN EL CAMPO.
¡AGUANTATE!
¿QUÉ HACES AHÍ PARADO? OVEN!
BUAAAA
BUAAA
BUAAA
COMO SIGAS QUEJÁNDOTE, TE DEJO AQUÍ TIRADO.
NO TENDRIA QUE HABER VENIDO.
BUAA
BUAA
BUAA

¿EEEH?
¡ESTÚPIDA!
¡UAAAAAH!
¡TONTA! ¡TONTA! ¡TONTA!
ボカッ ボカッ ボカッ ボカッ
¡BUAAAAA, BUAAAAAAA, BUAAAAAAA!
¡IDIOTA!
¡BOBA!
¡TONTORRONA!
¡BUAA! ¡BUAA! ¡BUAA!
¿QUE PASA?
ESE CHICO ES HORRIBLE, MIRA COMO PEGA A LA NIÑA...

NO PUEDO QUEDARME AQUÍ MIRANDO. ¡HAY QUE DETENERLE!
¡VAMOS!
BUAAA BUAAA BUAAA
ウッ
¡IMBÉCIL!
BUAAA, BUAAA. BUAAA. BUAAA.
¡DEJADNOS EN PAZ! ¡ES MI HERMANA SACHIKO!
ESO, DI.
¿POR QUE TE METES CON ELLA?
ERES UN DEMONIO
OESFUMAROS Y DEJADNOS EN PAZ DE UNA VEZ! NADIE OS HA DADO VELA EN ESTE ENTIERRO.
¿CÓMO PUEDES PEGAR ASI A TÚ HERMANA?
¿HERMANA?

SI NO HACEMOS NADA, VA A MATAR A LA NIÑA.
SÍ. VENGA, VAMOS A LLEVÁRNOSLA CORRIENDO.
MIENTRAS YO ME LANZO A MORDERLE LA PIERNA, TÚ...
VALE
BUAAAA
BUAAAA
カプ
DEJA DE REMOLONEAR Y HAZ LO QUE HEMOS DICHO.
EJE JE.
AY, AY, AY!
VEN CONMIGO.
RYUTA RAPIDO.
AY, AY, AY!
VOLVED! DEVOLVEDME A MI HERMANA!
JEJEJE

¡ARF, ARF!
¡ARF, ARF!
¡IMBÉCIL! ¡QUE TE DEN MORCILLA!
¡VOL-VED!
HAY QUE CONTARLE A TUS PADRES LO QUE TE ESTABA HACIENDO TU HERMANO.
¿DÓNDE VIVES? TE ACOMPAÑAREMOS.
YA ESTÁS A SALVO. TU HERMANO YA NO TE PODRÁ PEGAR.
DEBE DE ESTAR ATERRADA
¿QUÉ PASA? ESTÁS MUY CALLADA.
......
TUS PADRES ESTÁN VIVOS, ¿NO?
VOY
RYUTA, CÓGELA Y DÁSELA.
DAME ESA
¿UNA PIEDRA?
UNA PIEDRA... POR FAVOR...

FIN DEL TOMO 2

La memoria del autor

Keiji Nakazawa escribió en la década de los noventa un libro llamado Gen no jiden (Nihon Bunkasha), en el que narró las experiencias personales durante los años de la guerra y que posteriormente darían lugar a varios temas dentro de su obra de manga. Asimismo ampliaba el texto con sus reflexiones con el fin de mantener vivo el mensaje que siempre ha luchado por difundir. Aquí ofrecemos extractos de dicho libro para contribuir a un mayor acercamiento hacia el autor.

La Hija del traidor

El cargo de presidente de la comunidad de vecinos trae a mi memoria recuerdos muy desagradables. Después de que mi padre saliera de la cárcel, el presidente solía aparecer de vez en cuando por nuestra casa, y eso daba lugar a grandes peleas entre ellos. Para mí, de niño, era extraño ver que cada vez que se veían acabaran peleándose como perros y gatos. Sin embargo, también me resultaba emocionante ver cómo lo hacían...

Cuando el presidente llegaba y desde la entrada decía: "Buenas tardes", mientras se dirigía a la segunda planta, donde mi padre tenía su estudio de trabajo; mi hermano pequeño y yo nos escondíamos bajo las escaleras ansiosos, pensando: "Están a punto de empezar". La conversación iba subiendo de tono poco a poco, hasta que mi padre acababa gritando enfadado "¡Fuera!", y el presidente de la comunidad salía disparado escaleras abajo hacia la salida.

La memoria del autor

Mi padre iba tras él para continuar la discusión. En parte era algo divertido, aunque también peculiar. Una vez pasada la guerra llegué a entender mejor toda la situación. El presidente de la comunidad de vecinos ejercía su tarea hasta el extremo.

Su labor era la de vigilar que mi padre, tras haber sido encarcelado por sus ideales y posteriormente puesto en libertad, no causara problemas en la comunidad a su regreso. Mi padre defendía abiertamente sus ideales contrarios a la guerra, por lo que el presidente solía venir a casa a sermonearle para urgirle que fuera discreto. Esa era la razón por la que siempre acababan peleándose.

Ya años después, con la restauración del sistema de comunidades de vecinos, el hecho de que el jefe local asumiera el cargo de presidente y se presentara ante nosotros, me seguía trayendo malos recuerdos. "Tenemos que llevarnos bien y así convertirnos en una comunidad feliz...", decía. Oculto en esas bellas declaraciones no se encontraban más que mensajes destinados a la construcción de una sociedad fascista. En mi opinión, se debería de tener mucha cuidado con este sistema organizativo dentro de las comunidades vecinales. Eiko, mi hermana mayor, también sufrió esa aversión que había hacia mi padre. Aún recuerdo lo que sucedió aquel día claramente.

Mientras la puesta de sol teñía de rojo las casas, y las siluetas de las montañas se iban oscureciendo, mi madre observaba con gesto afligido cómo llegaba la noche. Se volvió hacia mi padre y le dijo: "Eiko está tardando mucho en volver. ¿Le habrá pasado algo? Sus compañeros ya han regresado a casa... ¿Qué estará haciendo?"; y continuó mirando cómo el cielo se iba oscureciendo.

Mi padre, también preocupado, se dispuso a salir en dirección a la escuela pero en ese preciso instante, mi hermana apareció de repente. Mi madre le preguntó la razón de llegar tan tarde, pero ella se encerró en su habitación sin decir ni una palabra. Al momento, se dejaron escuchar sus llantos, así que mis padres se apresuraron a ir a tranquilizarla y averiguar lo que le había sucedido.

Aquel día, una compañera de clase se dio cuenta de que el dinero que llevaba había desaparecido. En un momento, se sospechó de Eiko, pues ella estaba sentada a su lado. La llevaron a la sala de profesores y allí hicieron que se desnudara para que fuera registrada. Mi hermana insistía en que no había cogido nada, pero el profesor la ignoraba y le repetía una y otra vez: "Has robado el dinero. ¡Confiésalo!". A consecuencia de esto, la tuvieron retenida allí largo tiempo. Mi padre montó en colera. En mitad de la noche cogió la bicicleta y se fue a la escuela.

Tardó mucho en llegar a casa y no sé lo que hablaría con los profesores pero a la vuelta seguía iracundo. "Lo que han hecho ha dejado una huella imborrable en la memoria de una niña. Se lo he dejado muy claro al director y a los encargados", le dijo a mi madre. Cuando mi padre preguntó al encargado por las pruebas que les llevaron a acusar a Eiko, éste contesto que al final el dinero desaparecido estaba dentro de un cuaderno. La chica guardó el dinero en uno de sus cuadernos y luego se equivocó, pensó que se lo habían robado y dio parte de ello. Entonces, el profesor creyó que Eiko había sido la culpable y la registró como si de una delicuente vulgar se tratara.

La memoria del autor

Era normal que mi padre se enfadara dado su caractar irascible. Tal y como dijo mi madre, el maestro era consciente de que mi padre había sido encarcelado por sus ideas en contra de la guerra, de ahí que tratara a Eiko como a la hija de un traidor. Al día siguiente, cuando Eiko se disponía a salir hacia la escuela, mi padre le dijo: "¡Ve con la cabeza bien alta!". También dejó claro que él mismo iba a volver a la escuela para poner en su sitio al director y al encargado. Y sin echar cuenta alguna de mi madre que intentó detenerle, salió camino a la escuela.

Para mi, como un niño que era, ese caracter obstinado de mi padre era loable.

Glosario

Recopilado por: Emilio Gallego Zambrano

En esta sección se hayan recogidos los vocablos netamente japoneses que aparecen a lo largo de la historia y cuyo significado puede resultar algo confuso.

O-kayu (página 328, 330)

Arroz hervido con más agua de la necesaria con el fin de obtener una masa viscosa a la que se le pueden añadir varios ingredientes para dar sabor.

Harakiri (página 30)

Rito de autoinmolación practicado durante la época medieval en el Japón. Consistía en la apertura del estómago con una incisión en forma de L. Tras esta primera parte, el asistente al suicidio procedía a decapitar al sujeto con el fin de terminar con su dolor y finalizar la ceremonia. Esta práctica se celebraba a menudo ante decenas de testigos que certificaban la muerte y alababan al fallecido por su decisión a someterse al harakiri. También recibe el nombre de seppuku.

Harakiri 腹切り

Estómago + Cortar (lectura japonesa de los caracteres)

Seppuku 切腹

Cortar + Estómago (lectura china de los caracteres)

Sho (升) (página 32)

En la página 32, el original no hace referencia al kilo para referirse a la cantidad de arroz que Gen recibe, sino al sho. Ésta es una antigua medida de arroz equivalente a 1.81 litros de capacidad. En la actualidad casi ha caído en desuso.

O-nigiri (página 68)

Bloque de arroz en cuyo centro suele haber algún tipo de alimento suplementario (pollo, atún, salmón...). Esta comida aún constituye un alimento básico en el Japón, y se puede adquirir en cualquier establecimento.

Sopa de arroz (página 126) (kome no omo-yu)

A raíz de la escasez de arroz que acaecía en el Japón durante la guerra, el arroz había de ser utilizado de manera muy dosificada. Por ello se empezó a hacer sopa de arroz. Ésta se puede considerar un tipo de o-kayu en el que el se introducía aún menos arroz y más agua., obteniendo así un caldo en el que se hallaban flotando algunos granos. A pesar de no ser un alimento muy nutritivo, se utilizaba también como sustituto de la leche para dar de comer a los bebes.

Kanjis 友子 (página 126)

Los nombres masculinos y femeninos en el japonés no se rigen por las mismas reglas que en el español.

Hay una casuística muy grande no exenta de excepciones, pero en líneas generales, los apelativos de chico terminan en -o (escrito con el ideograma 男 otoko, hombre) y los de chica en

-ko (escrito con el ideograma 子 , ko, chica). De este modo, observamos nombres como Akiko, Michiko o Tomoko y sus homólogos Akio, Michio y Tomoo.

Por otro lado, toda persona es libre de elegir los caracteres con los que se escribirá el nombre de sus hijos. En el japonés hay un gran número de ideogramas homófonos, por eso un mismo nombre puede ser escrito de formas muy diferentes (a pesar de que ya de por sí existan algunas más frecuentes):

明子、亜希子、亜紀子、昭子、朗子.

Todos se leen Akiko.

En el relato, Gen elige el ideograma 友 (tomo) para su hermana, que aparece en la palabra 友達 (tomodachi, amigo), de ahí su significado de amistad. Y a esa raíz, le añade el sufijo de chica -ko. 友子(tomoko) fue la escritura final, pero hay otras muchas formas de escribir el mismo nombre: 智子, 朋子, 知子 etc.

Todo esto es clara evidencia de la inmensa riqueza del idioma japonés.

Umeboshi (página 221)

Cereza conservada en salazón durante cierto tiempo. Su sabor es bastante ácido. Básicamente encontramos dos tipos, duros y blandos.

O-hagi (pág. 20)

Bloque de pasta de arroz relleno de crema dulce de alubias. Éste alimento se consume generalmente durante las fiestas de o-bon en agosto. Es muy común utilizar las alubias en los dulces, tanto en tartas como helados o incluso pasteles, como en este caso.

Canciones

El texto original de Hiroshima contiene numerosas canciones muy arraigadas en la cultura japonesa de los años cuarenta. Siempre que ha sido posible, hemos mantenido la original, pero irremediablemente se han tenido que introducir otras letras correspondientes a canciones españolas (tanto infantiles como del ejército) para lograr recrear lo más fielmente posible la atmósfera que el original intenta crear. Aquí hemos recopilado todas las canciones junto con sus letras fielmente traducidas, para que se puedan hacer una idea aproximada de cómo era el espíritu de los japoneses durante esa época.

Página 38, 167

妻は夫を	Tsuma wa otto wo
いたわりつ	Itawaritsu
夫は妻に	Otto ha tsuma ni
したいつつ	Shitaitsutsu
ころは６月	Koro wa roku gatsu
中のころ	Naka no koro
夏とはいえど	Natsu to ha iedo
片いなか	Kata inaka
木立の森も	Kiritsu no mori mo

La mujer
Consuela al marido
El marido
Ama a su mujer.

Estamos
A mediados
De junio.
Aunque es verano
En el extremo del campo
Los árboles pueblan el bosque

Página 26, 232
Sustituida por: La reina de los mares

さよなら三角	Sayonara sankaku
四角はトウフ	Shikaku wa tōfu
トウフは白い	Tōfu wa shiroi
白いはうさぎ	Shiroi wa usagi
うさぎははねる	Usagi wa haneru
はねるはカエル	Haneru wa kaeru
カエルは青い	Kaeru wa aoi
青いはバナナ	Aoi wa banana
バナナはむける	Banana wa mukeru

Adios triángulo
Cuadrado es el tofu
El tofu es blanco
Blanco es el conejo
El conejo salta

Salta la rana
La rana es verde
Verde es el plátano sin madurar
El plátano se pela

Página 21 y 22
Sustituida por:

サクラサクラ	Sakura Sakura
やよいの空は	Yayoi no sora wa
見渡す限り	Miwatasu kagiri
かすみかくもか	Kasumi ka kumo ka
においぞ	Nioi zo
いずる	Izuru
いざや	Izaya
いざや	Izaya
みーにーゆーかーん	Mi Ni Yu kan

Los cerezos, los cerezos
Bajo el cielo de marzo
Hasta donde llega la vista
Se muestran como nubes o una niebla
inmensa
La fragancia
Lo envuelve todo

Vamos ya
Vamos ya
A disfrutar de la época

Páginas 44 y 45

Sustituida por: Don Gato

われは海の子	Ware wa umi no ko
白波の騒ぐ	Shiranami no sawagu
いそべの松原	Isobe no matsuhara
でたでた	Deta deta
山賊が	Sanzoku ga
長い長い	Nagai nagai
やりもって	Yari motte
女のケツを	Onna no ketsu wo
つきさした	Tsukisashita
海は	Umi ha
広いな	Hiroi na
大きいな	Ookii na
月が	Tsuki ga
のぼるし	Noboru shi
日がしずむ	Hi ga shizumu
トントン	Tonton
トンカリと	Tonkari to
となり組み	Tonarigumi
しょうじを	Shōji wo
あければ	Akereba
回覧板	Kaitenban
回し下さい	Mawashi kudasai
教えられたり	Oshieraretari
教えたり	Oshietari

Somos
Los hijos del mar
Navegamos
Sobre el fragor
De las encrespadas olas
Ante un campo de pinos
Junto a la costa

Ya están aquí, aquí aquí
Los bandidos
Portan lanzas
Largas, largas
Y pinchan
Los traseros a las niñas

El mar
Es vasto
Enorme
La luna
Asciende
El sol se pone

Tontón
Torotón
Si los vecinos
Abren la puerta

Página 48

Sustituida por: Voluntarios de la división azul (letra modificada)

ぼくは	Boku wa
軍人だいすきだ	Gunjin daisuki da
いまに大きく	Ima ni ookiku
なったなら	Natta nara
勲章つけて	Kunshō tsukete
剣さげて	Ken sagete
お馬に乗って	O-uma ni notte
ハイ	Hai
ドウドウ	Dō dō

Eso mismo
Eso mismo
El jefe de la sodería bebió soda.
Y murió.
Eso mismo.
Eso mismo.
Y un pastel.
Dicen que se había comido.

*So da significa eso mismo en japonés, de ahí el corte cómico de la letra.

Página 44, 212, 339

じゃんじゃん	Janjan
じゃがいも	Jagaimo
さつまいも	Satsumaimo
うかべて	Ukabete
ならべて	Narabete
たべたいな	Tabetai na
ホイホイと	Hoihoi to

Pan Pan
Patatas
Batatas
¡Flotan!
¡En fila!
¡Y las co ge mos!
¡A comer!
¡Venga, vamos!

Página 153

Sustuida por: La virgen de la cueva

あめあめ	Ame ame
ふれふれ	Fure fure
かあさんが	Kaasan ga
蛇の目で	Hebi no me de
おむかえ	O mukae
うれしいな	Ureshii na
ピチピチ	Pichi pichi
チャプチャプ	Chapu chapu
ランラン	Ran ran

Lluvia Lluvia
Que llueva, que llueva
Mi madre
La recibe
Con ojos de serpiente
Qué alegría
Splash Splash
Plic Plic
Ploc Ploc

Página 72, 80, 81, 197, 363

Sustituida por: El gran manitú

おてて	Otete
テンプラ	Tenpura
つないで	Tsunaide
でこちゃん	Dekochan
野道を	Nomichi wo
いけえば	Ikeeba
ばばちゃん	Babachan
みんな	Minna
かわいい	Kawaii
のんきな	Nonki na

Todos
Los padres
Graciosos
Y despreocupados
Tienes tres pelos en la barba

El cielo
Se ha despejado
Y los estómagos hacen ruido
Buuuuu
Buuuuu

Página 72

Sustituida por: El hombre de Cromañón

そうだ	Sō da
そうだ	Sō da
ソーダ屋の村長さんがソーダーのんで	Sōda-ya no sonchō san ga sōda nonde
死んだ	Shinda
そうだ	Sō da
そうだ	Sō da
まんじゅう	Manjū
くうたそうだ	Kuuta sō da

Eso mismo
Eso mismo
El jefe de la sodería bebió soda.
Y murió.
Eso mismo.
Eso mismo.
Y un pastel.
Dicen que se había comido.

*So da significa eso mismo en japonés, de ahí el corte cómico de la letra.

Pag. 195 y 196

Sustituida por: Tengo una cestita llena de limones

一かけ	Ichi kake
二かけ	Ni kake
三かけて	San kakete
四かけて	Yon kakete
五かけて	Go kakete
橋かけて	Hashi kakete
橋の欄干	Hashi no rankan
こしかけて	Koshikakete

はるか向こうを	Haruka mukō
ながむれば	Nagamureba
十七　八の小娘が	Jūnana hachi no komusume ga
片手に	Katate ni
花もち	Hanamochi
線香もち	Senkōmochi

ねえさん	Neesan
ねえさん	Neesan
どこへいく	Doko e iku
わたしゃ	Watasha
九州	Kyūshū
鹿児島へ	Kagoshima e

Por uno
Por dos
Por tres
Por cuatro
Por cinco
Por un puente
Por la barandilla
Apoyar la cintura has

En la lejanía
Se divisan
Diecisiete o dieciocho damas
En una mano
Llevan una flor
Y en la otra llevan senko

Chicas
Chicas
¿A dónde van?
A Kagoshima
En Kyushu

Página 184

Sustituida por: Había una vez un barquito chiquitito.

テンテン
天神さまの
石段

テンテン
テマリを
かいました

Ten Ten
El altar del Dios
Tenjin

Ten Ten
Compré una
Pelota.

Pág. 263 y 370

Sustituida por: Que se mueran los feos (modificada)

むかし	Mukashi
むかし	Mukashi
そのむかし	Sono mukashi
しいの木林の	Shii no ki hayashi no
すぐそばに	Sugu soba ni
小さな山が	Chiisana yama ga
あったとさ	Atta to sa
あったとさ	Atta to sa
まるまる	Marumaru
坊主の	Bōzu no
はげ山は	Hageyama ha
いつでも	Itsudemo
みんなの	Minna no
わらいもの	Waraimono

Hace mucho
Mucho tiempo
En tiempos inmemoriales
Justo al lado
De un pinar
Había
Una pequeña montaña
La había

Una montaña calva
Sin nada por encima
Calva, calvita
Siempre, siempre
El hazmerréir
Del lugar

Pág. 338

Sustituida por: Tengo, tengo, tengo...

八百余州の乞食	Happyakuyoshū no kojiki
ざるをもって	Zaru wo motte
門にたち	Mon ni tachi
おっさーん	Ossaaan
めしをくれ	Meshi wo kure
はらいっぱい	Hara ippai
めしをくれ〜〜〜〜〜	Meshi wo kureeeee

Los mendigos de todo el país
Con cestas en sus manos
Se hallan de pie en la puerta.
¡Jefeeeee!
Dame de comer
Hasta reventar
Dame de comer

HIROSHIMA (HADASHI NO GEN) VOL. 2

EDICIÓN Y DISTRIBUCIÓN
OTAKULAND DISTRIBUCIONES
C/ Berbiquí nº 21, Pol. Ind. Santa Ana
Rivas Vaciamadrid - 28529 (Madrid)
Tlf: 916 669 652/55 - Fax: 916 669 374

Primera Edición: Enero de 2003

Director de colección: Emilio Gallego Zambrano
Traducción: © Emilio Gallego Zambrano
Diseño Gráfico: Estudio Interactiva

Estudio Interactiva

IMPRESIÓN:
ARTES GRAFICAS ELKAR S. Coop.
LARRONDO BEHEKO ETORBIDEA, EDIF. 4
48180 LOIU (BIZKAIA)
TFNO: 94 452 61 97 - FAX: 94 453 57 76